2022

중앙행정기관 행정사무 민간이전 운영현황

Central Administrative Agency Administration Of Civil Affairs

배성기 지음

2022. 3.

중앙행정기관 행정사무 민간이전 운영현황

한국민간위탁경영연구소는 정부에서 운영하는 민간위탁 공공서비스의 효율성 향상을 위해 설립된 연구기관입니다. 민간위탁은 성과지향형 공공서비스제공 공급방식의 하나로써 더 나은 정부, 더 효율적인 정부로 가기 위한 제도입니다.

세상의 모든 사물은 세상의 변화를 수용해야 합니다. 민간위탁 사무 또한 운영 목적이나 사회적 가치변화를 수용해야하기 때문에 지속적으로 변화해 왔습니다. 현행 민간위탁 사무의 유형은 공익적 성격과 사익적성격의 사무가 혼재되어 스펙트럼이 다양합니다. 시대적 흐름과 환경변화에 맞는 민간위탁사무는 갈수록 커뮤니티거버넌스형(CG) 공공서비스 제공방식으로 변화 되어 가고 있습니다.

이를 효율적으로 관리하기 위해서는 민간위탁의 본질을 이해해야 하는데, 대표적인 영문표기가 contracting out인 것처럼 구매계약 또는 외주계약으로 계약에 관한 전반적인 프로세스를 이해하고 계약관리능력이 필요한 제도라는 것을 이해해야 합니다. 민간위탁 과정은 먼저 민간위탁을 위한 추진계획을 수립한 후 지방의회의 심의를 거쳐 민간위탁 선정심의위원회의 선정과정을 통해 최종 민간위탁 사업자를 선정하게 됩니다. 이 과정에 민간위탁 업체선정을 위한 계약법검토, 조례제정 또는 개정, 적정 위탁비용 산정, 위탁 후 성과평가 결과 적용을 위한 지표개발 등 세부적이고 전문적인 연구결과를 통한 의사결정 자료가 필요하게 됩니다. 이러한 연구결과는 민간기업이 공공서비스를 제공할 때 지속적인 품질 개선을 유도함으로써 서비스경쟁력을 향상시키고, 지자체는 효율적인 예산운영을 통하여 과대 또는 과소예산으로 인한 사회적 비용을 감소시키며 재정운영의 건전성을 증대시키는 효과가 있습니다. 이와 같이 민간위탁만을 연구해온 저희 연구소는 다양한 연구를 통해 얻은 노하우를 바탕으로 좀 더 선진화된 민간위탁 의사결정 자료와 효율적인 운영방안을 제안하는 역할을 수행할 것입니다.

연구소장 배성기

주요연구분야
민간위탁경영(Contracting Out Management)
사업타당성검토(Project Feasibility)
정부원가계산(Government Cost Accounting)
공공서비스성과평가(Public Service Performance Evaluation)
사회적경제기업(Social Economy)
조직 진단(Organizational Structure Design)
공공관리혁신(Public Management Innovation)
사회기반시설 자산관리(Infrastructure Asset Management)

연락처
전화 : 02 943 1941
팩스 : 02 943 1948
이메일 : kcomi@kcomi.re.kr
홈페이지: www.kcomi.re.kr

2022 전국 「중앙행정기관 행정사무 민간이전 운영현황」은 이렇게 발간되었습니다.

1. 조사개요

　민간이전지출은 학계와 실무계를 불문하고 사회 각계각층이 이 주제의 중요성을 인식하고 처방적 대안 마련에 관심을 쏟고 있음에도 불구하고 민간위탁 케이스별 연구만이 주로 되어 왔습니다. 또한 사회적 현상을 기반으로 공공서비스의 유형을 공공서비스, 준공공서비스, 선택적 공공서비스 등으로의 구분하고 공익성의 정도에 따른 관리기법 및 예산운영 방법 등을 심도 있게 연구한 연구문헌이 부족한 상황입니다.

　민간이전 공공서비스는 국민들과의 최접점에서 공급되는 공공서비스로 지속적으로 성장하는 국민들의 공공서비스 수요를 반영하고 개선하기 위해서는 다양한 주제와 분야별로 지속적인 연구가 되어야 합니다. 하지만 이러한 연구를 하기 위한 기초적 통계자료가 없다는 것은 실로 놀라운 일이 아닐 수 없습니다.

　따라서 본 조사는 전국 47개 중앙행정기관을 대상으로 행정사무 민간이전 운영현황을 분석하기 위해 중앙행정기관 및 그 소속기관의 민간이전(320) 예산을 조사한 후 해당사무별 업체선정 방법, 개별조례 유무, 원가산정기준, 서비스(성과)평가 유무, 위탁기업 현황 등에 대한 정보공개 요청을 통해 현황을 조사하였습니다.

　본 조사를 통해 얻을 수 있었던 것은 동종의 행정사무라도 운영예산규모, 업체선정기준, 개별조례 유무, 위탁비용 산정기준, 서비스(성과)평가 유무 등이 같지 않다는 것을 알 수 있었습니다. 이를 검증하기 위해서는 심도 있는 연구가 수행 되어야 하겠으나 이런 비교결과조차도 유의미하다고 생각됩니다.

　전국 중앙행정기관 및 그 소속기관의 민간이전 행정사무 운영현황 통계조사의 효용성은 첫째, 유사 행정사무의 운영예산 확인을 통한 예산운영의 적정성을 판단할 수 있는 기준자료, 둘째, 개별조례 유무 확인을 통한 제정 및 개정 용이, 셋째, 적정 비용 산정기준 확인, 넷째, 성과평가 기준 확인, 다섯째, 민간위탁기업명 확인을 통한 경쟁력 있는 기업선정 기초자료 확보 등과 같습니다.

　상기와 같은 조사를 통해 궁극적으로 얻고자 한 것은 「건전한 긴장관계 유지」입니다. 중앙행정기관 및 그 소속기관 민간이전 운영현황을 통해 사무의 종류와 예산의 규모, 협업 수행 기업의 종류와 유형이 공개됨으로써 행정사무를 추진하는 입장에서는 선택의 폭이 넓어질 것이고, 서비스를 받는 국민의 입장에서는 서비스기업 간 경쟁시스템이 올바르게 갖추어져, 좀 더 체계적이며, 경제적이고, 만족할 만한 공공서비스가 제공 되어질 것입니다.

　본 현황분석은 한국민간위탁경영연구소의 네 번째 중앙행정 민간이전 행정사무 운영현황 통계조사를 한 것으로서 미흡한 부분이 다소 존재합니다. 하지만 행정사무의 서비스 발전을 위한 기초 연구자료로써 중요한 역할을 할 수 있을 것을 기대합니다. 도움을 주신 전국 중앙행정기관 담당 공무원분들께 감사드립니다.

2. **조사기간** : 2022년 1월 13일 ~ 2022년 1월31일

3. **조사결과**

(1) 2021년 조사결과

(자료요청 기관 수: 41개/56개 중앙행정기관 / 단위: 천원)

소관부서	지출세목			합계
	관리용역비 (210-15목)	민간위탁사업비 (320-02목)	법정민간대행 사업비 (320-08목)	
공정거래위원회	2,082,564	-		2,082,564
과학기술정보통신부	-	4,965,000		4,965,000
관세청	-	805,402		805,402
교육부	2,716,000	16,245,200		18,961,200
경찰청			184,000	184,000
국가보훈처	5,835,213	502,000	22,106,000	28,443,213
국세청	53,202,495	-	1,780,000	54,982,495
국토부	40,140,000	863,530,142	62,678,000	966,348,142
금융위원회	2,911,249	-		2,911,249
기상청			30,048,503	30,048,503
기획재정부	1,149,216	-		1,149,216
농림축산검역본부	1,035,785	3,407,500		4,443,285
농식품공무원교육원	200,560	-		200,560
농림축산식품부	2,493,003	23,998,000	320,348,000	346,839,003
농촌진흥청	1,737,271	-		1,737,271
문화재청	5,061,009	94,776,000	5,312,000	105,149,009
민주평화통일자문회의	484,140	-		484,140
방위사업청	-	1,991,000		1,991,000
산림청	17,639,519	12,969,000		30,608,519
소방청	-	667,000	15,568,646	16,235,646
식품의약품안전처	-	11,794,974	1,017,500	12,812,474
여성가족부	3,231,000	1,556,000		4,787,000
외교부	16,209,102	550,000		16,759,102
원자력안전위원회	647,320	-		647,320
인사혁신처	3,439,280	-	3,348,000	6,787,280
중소벤처기업부	13,012,000	13,131,000		26,143,000
질병관리청	6,525,836	8,293,000		14,818,836
특허청	26,742,000	37,155,000		63,897,000
해양경찰청	9,074,651	568,000		9,642,651
행정안전부	26,800,332	107,813,753		134,614,085
국가기록원	3,336,039	-		3,336,039
대통령기록관	1,248,026	-		1,248,026
청사관리본부	4,929,485	-		4,929,485

소관부서	지출세목			합계
	관리용역비 (210-15목)	민간위탁사업비 (320-02목)	법정민간대행 사업비 (320-08목)	
국가민방위재난안전교육원	202,797	-		202,797
국립재난안전연구원	2,334,000	-		3,023,000
국가정보자원관리원	151,709,618	-		151,020,618
정책기획위원회	69,360	-		69,360
신남방정책특별위원회	30,000	-		30,000
소득주도성장특별위원회	46,800	-		46,800
국립과학수사연구원	529,019	-		529,019
환경부	19,187,106	73,434,000	984,906,300	1,058,340,300
합계	425,991,795	1,278,151,971	1,447,296,949	3,151,440,715

(2) 2022년 조사결과

(자료회신 기관 수: 28개/56개 중앙행정기관 / 단위: 천원)

소관부서	지출세목			
	관리용역비 (210-15목)	민간위탁사업비 (320-02목)	법정민간대행 사업비 (320-08목)	합계
국가보훈처	5,082,145	715,000	-	5,797,145
인사혁신처	4,193,000	-	3,946,000	8,139,000
법제처	4,041,129	3,394,570	-	7,435,699
식품의약품안전처	-	14,903,000	1,033,000	15,936,000
기획재정부	157,216	-	-	157,216
교육부	12,021,902	24,693,150	-	36,715,052
과학기술정보통신부	16,334,003	340,912,336	-	357,246,339
외교부	8,225,787	550,000	-	8,775,787
통일부	15,211,509	7,348,000	-	22,559,509
법무부	13,702,790	-	10,793,644	24,496,434
행정안전부	175,331,263	66,717,000	-	242,048,263
문화체육관광부	11,020,341	3,231,000	-	14,251,341
농림축산식품부	-	-	-	-
중소벤처기업부	10,197,410	25,052,369	-	35,249,779
환경부	16,610,592	61,239,400	777,137,783	854,987,775
고용노동부	6,166,000	1,652,658,000	4,989,300	1,663,813,300
여성가족부	-	-	-	-
국세청	60,150,373	-	-	60,150,373
관세청	-	828,252	-	828,252
경찰청	-	-	184,000	184,000
농촌진흥청	292,000	-	-	292,000
산림청	17,335,081	14,099,000	14,097,646	45,531,727
특허청	27,984,000	42,597,000	-	70,581,000
질병관리청	7,697,217	5,358,000	-	13,055,217
기상청	-	-	34,980,244	34,980,244
새만금개발청	-	-	-	-
공정거래위원회	-	-	-	-
개인정보보호위원회	508,000	-	-	508,000
합계	412,261,758	2,264,296,077	847,161,617	3,523,719,452

- 민간이전 분류별 통계

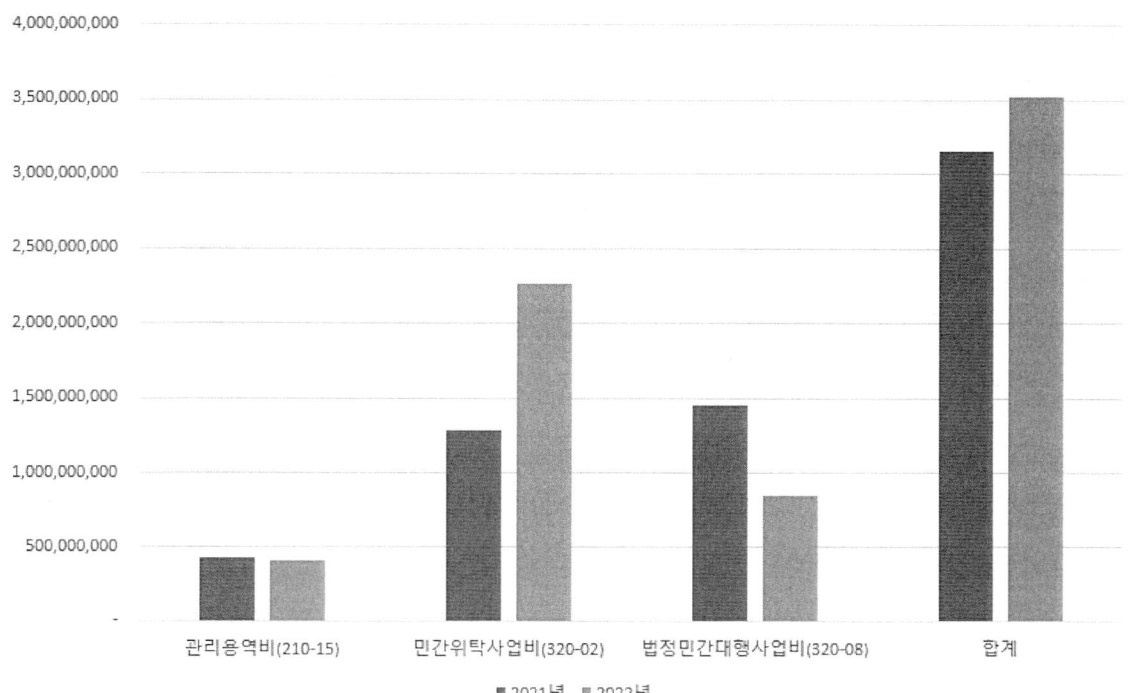

목 차

중앙행정기관 ······ 1

개인정보보호위원회 ······ 1
경찰청 ······ 1
고용노동부 ······ 1
우정사업본부(과학기술정보통신부) ······ 1
과학기술정보통신부 ······ 1
관세청 ······ 2
교육부 ······ 2
국가보훈처 ······ 3
국세청 ······ 3
기상청 ······ 4
기획재정부 ······ 4
문화체육관광부 ······ 4
법무부 ······ 5
법제처 ······ 6
산림청 ······ 6
식품의약품안전처 ······ 7
외교부 ······ 7
인사혁신처 ······ 8
중소벤처기업부 ······ 8
질병관리청 ······ 9
통일부 ······ 10
특허청 ······ 11
행정안전부 ······ 11
환경부 ······ 16

1

중앙행정기관

2022년 중앙행정기관 민간이전 및 민간자본이전 운영현황

순번	기관명	지출명(사업명)	2022년 예산(단위:천원/1년간)	담당부서	민간이전 분류 (2022년 예산기금운용계획집행지침에 의거) 1.민간경상(210-15목) 2.민간위탁사업비(320-02목) 3.범정부민생대백사업비(320-08목)	민간위탁지출 근거 1.법률여 규정 2.국고보조 재원(국가지정) 3.용도 지정 기부금 4.시행규칙 및 운영 규정 5.시행규칙 공공허는 사업을 하는 공공기관 6.국가 정책 및 시정사정 7.기타 8.해당없음	계약체결방법(경쟁형태) 1.일반경쟁 2.제한경쟁 3.지명경쟁 4.수의계약 5.분정위탁 6.기타() 7.해당없음	계약기간 1.1년 2.2년 3.3년 4.4년 5.5년 6.기타(1년) 7.단기계약(1년미만) 8.해당없음	낙찰자선정방법 1.적격심사 2.협상에의한계약 3.최저가낙찰제 4.규격가격입찰 5.2단계 경쟁입찰 6.기타() 7.해당없음	운영예산 산정 1.내부산정(부서 자체적으로 산정) 2.외부산정 3.내외부 모두 산정 4.산정 無 5.해당없음	정산방법 1.내부정산(부서 내부적으로 정산) 2.외부정산(외부전문기관에 정산) 3.내외부 모두 산정 4.정산 無 5.해당없음	성과평가 실시여부 1.실시 2.미실시 3.향후 추진 4.해당없음
1	개인정보보호위원회	위원회운영지원(정보화시스템 유지관리)	508,000	법무감사담당관	1	7	2	1	2	1	1	2
2	경찰청	교통안전활동(체납과태료 징수위탁)	184,000	교통안전과	3	1	5	1	7	1	1	4
3	고용노동부	직업안정기관운영	577,000	고용서비스정책과	1	7	4	1	7	1	1	4
4	고용노동부	고용노동통계조사	356,000	노동시장조사과	1	7	4	3	2	1	1	3
5	고용노동부	고용노동행정(정보화)	2,376,000	정보화기획팀	1	7	2	3	2	1	1	1
6	고용노동부	고용노동행정(정보화)	1,811,000	정보화기획팀	1	4	1	2	2	1	1	4
7	고용노동부	청관사유지및시설관리	592,000	운영지원과	1	8	4	2	7	1	1	4
8	고용노동부	공정채용지원	28,000,000	공정채용기반과	2	6	6	1	1	1	1	3
9	고용노동부	청년일자리창출지원	2,000,000	청년취업지원과	2	1	4	1	2	1	1	4
10	고용노동부	가사근로자고용개선지원	200,000	고용서비스정책과	2	6	7	8	7	5	5	4
11	고용노동부	미래유망분야 고졸인재 양성	600,000	일학습병행정책과	2	6	7	8	7	5	5	4
12	고용노동부	국민취업지원제도(일반)	1,496,473,000	국민취업지원기획팀	2	1	1	1	1	1	3	1
13	고용노동부	진폐위로금지급	88,106,000	산재보상정책과	2	1	5	8	7	5	3	1
14	고용노동부	건강진단	1,589,000	산재보상정책과	3	1	5	8	7	5	3	1
15	고용노동부	건강진단지원금	1,260,000	산재보상정책과	2	1	5	8	7	1	3	1
16	고용노동부	고용센터장자체관리비	454,000	고용서비스정책과	3	7	4	1	7	1	1	4
17	고용노동부	고용안정장려금	1,600,000	고용보험기획과	2	6	1	7	2	2	1	4
18	고용노동부	일터혁신 지원	25,720,000	노사협력정책과	2	1,5	7	8	7	5	5	4
19	고용노동부	근로자건강보호	7,110,000	산업보건기준과	2	7	7	8	7	5	5	4
20	고용노동부	고용서비스모니터링	835,000	고용서비스정책과	1	1	5	1	7	1	1	4
21	고용노동부	고용영향평가사업	4,154,300	일자리정책평가과	3	1	5	2	2	1	1	4
22	우정사업본부	우편물류시장 동향조사	339,000	-	2	7	4	1	7	2	2	1
23	우정사업본부	우편업무	28,631,000	우편기획과	2	4	4	7	2	5	3	4
24	우정사업본부	소포국소조사업	9,297,000	우편사업과	2	1	2	2	2	5	1	1
25	우정사업본부	물류센터 우편기계 위탁(위탁기계시설운영)	907,000	물류기획과	1	1	5	1	7	1	1	1
26	우정사업본부	집배업무위탁	245,781,000	물류기획과	2	4	5	2	7	1	1	4
27	우정사업본부	고객만족센터	12,110,000	우편사업과	2	4	4	1	2	2	1	1
28	우정사업본부	우편물위탁접수수료	31,577,000	우편사업과	2	1	2	3	2	3	1	4
29	우정사업본부	ATM위탁운용수수료-도서 등 소외지역(예금사업운영)	1,096,000	금융기술개발과	1	7	1	6	1	1	1	1
30	우정사업본부	ATM위탁운용수수료(금융사업비)	1,594,03	금융기술개발과	1	7	1	5	1	1	1	1
31	우정사업본부	금융IT서비스데스크 운영(우체국금융정보화)	682,000	금융기술개발과	1	1	1	3	2	1	1	1
32	우정사업본부	금융시스템 응용프로그램 유지관리(우체국금융정보화)	10,294,000	금융기술개발과	1	1	1	3	2	1	1	4
33	우정사업본부	금융시스템 보안관제(우체국금융정보화)	429,000	금융기술개발과	1	4	4	1	2	1	1	1
34	우정사업본부	IT지원 및 프로그램 검증 운영(우체국금융정보화)	2,000,000	금융기술개발과	2	1	4	8	2	1	1	1
35	우정사업본부	보험계약관리	643,500	보험개발심사과	1	1	2	7	2	1	1	1
36	우정사업본부	우체국보험 계약적부조사(생명)	438,596	보험개발심사과	2	1	2	2	2	1	1	1
37	우정사업본부	우체국보험 계약적부조사(진화1)	473,000	보험개발심사과	2	1	2	1	2	1	1	1
38	우정사업본부	우체국보험 해피콜 업무위탁	900,240	보험개발심사과	2	1	4	1	2	1	1	4
39	과학기술정보통신부	연구산업진흥총괄	1,660,000	연구산업진흥과	2	1	7	8	2	1	1	1
40	과학기술정보통신부	방송통신재난 인프라 구축	580,000	전파방송관리과	2	4	6	1	7	1	2	1
41	과학기술정보통신부	방송통신재난 인프라 구축	1,231,000	전파방송관리과	2	1	6	1	7	1	2	1

순번	기관명	지출명 (사업명)	2022년 예산 (단위:천원/1년간)	담당부서	민간인건 분류 (2022년 예산및기금운용계획집행지침에 의거) 1. 관리용역비 (210-15목) 2. 민간위탁사업비 (320-02목) 3. 법정민간대행사업비 (320-08목)	민간이전지출 근거 1. 법률에 규정 2. 국고보조재원(국가지정) 3. 용도 지정 기부금 4. 시행규칙 및 운영 규정 5. 국가가 권장하는 사업을 하는 공공기관 6. 국가 정책 및 재정사항 7. 기타 8. 해당없음	계약체결방법 (경쟁형태) 1. 일반경쟁 2. 제한경쟁 3. 지명경쟁 4. 수의계약 5. 범정위탁 6. 기타 ( ) 7. 해당없음	입찰방식 계약기간 1.1년 2.2년 3.3년 4.4년 5.5년 6.기타 ( )년 7.단기계약 (1년미만) 8.해당없음	입찰방식 낙찰자선정방법 1. 적격심사 2. 협상에의한계약 3. 최저가낙찰 4. 규격가격 5. 2단계 경쟁입찰 6. 기타 7. 해당없음	운영예산 선정 운영예산 선정 1. 내부선정 (부서 자체적으로 선정) 2. 외부선정 (외부전문가위탁 선정) 3. 내외부 모두 선정 4. 신청 후 5. 해당없음	운영예산 선정 정산방법 1. 내부정산 (부서 내부적으로 정산) 2. 외부정산 (외부전문기관위탁 정산) 3. 내외부 모두 선정 4. 정산 후 5. 해당없음	성과평가 실시여부 1. 실시 2. 미실시 3. 향후 추진 4. 해당없음
42	과학기술정보통신부	전리통신위성이용기반구축	1,332,000	전파방송관리과	1	1	5	1	1	1	2	1
43	과학기술정보통신부	주파수 회수 및 재배치 손실보상	5,251,000	주파수정책과	2	1	5	1	7	2	2	1
44	관세청	검사용 지원업무 용역비	458,000	수출입안전검사과	2	1	1	1	2	1	1	4
45	관세청	자사재산 신고 업무위탁사업	365,850	수출입안전검사과	2	1	4	1	6	2	2	1
46	관세청	원산지정보수집분석 위탁	4,402	국제협력총괄과	2	1	1,4	1	7	1	1	1
47	교육부	영재교육 지원사업	1,530,000	고교교육혁신과	2	1	7	8	7	5	4	4
48	교육부	교과용도서 개발 및 보급	4,523,000	교과서정책과	2	1	7	8	7	5	5	4
49	교육부	교육과정 개정 및 후속지원	24,000	교육과정정책과	2	7	7	8	7	5	5	4
50	교육부	고등교육의 국제화 지원	50,000	교육국제화담당관	2	1	7	8	7	5	5	4
51	교육부	국가기초학력지원센터 운영 지원	1,000,000	교육기회보장과	2	6	7	8	7	5	5	4
52	교육부	국립대학 시설확충	253,000	교육시설과	1	8	7	8	7	5	5	4
53	교육부	교육시설 종합정보망 지원(정보화)	2,662,000	교육시설과	2	1	7	8	7	5	5	4
54	교육부	행정업무정보보안 지원(정보화)	1,007,000	교육정보화과	1	7	7	8	7	5	5	4
55	교육부	대학정보공시 통합정보시스템 구축(정보화)	2,881,000	교육통계과	2	1	7	8	7	5	5	4
56	교육부	교육통계조사관리	5,826,150	교육통계과	2	1	7	8	7	5	5	4
57	교육부	회관운영지원(사립학교교직원연금)	5,392,000	교육협력팀	1	5	7	8	7	5	5	4
58	교육부	정보시스템 구축(사립학교교직원연금)(정보화)	907,000	교육협력팀	1	5	7	8	7	5	5	4
59	교육부	교지재지원(사립학교교직원연금)	1,633,000	교육협력팀	1	5	7	8	7	5	5	4
60	교육부	국가교육회의 운영지원	36,000	국가교육회의	1	7	7	8	7	5	5	4
61	교육부	특수외국어교육진흥사업	20,000	국립국제교육원	1	8	7	8	7	5	5	4
62	교육부	영어교육방송지원	31,000	국립국제교육원	1	7	7	8	7	5	5	4
63	교육부	특수교육 내실화 기반구축	120,700	국립특수교육원	1	1	7	8	7	5	5	4
64	교육부	특수교육 내실화 기반구축	2,005,000	국립특수교육원	2	1	7	8	7	5	5	4
65	교육부	인성교육진흥사업	412,000	민주시민교육과	2	1	7	8	7	5	5	4
66	교육부	교육행정사지원	15,000	부총리담당관	1	4	7	8	7	5	5	4
67	교육부	학교경영 지원사업(수입대체경비)	480,000	사립대학정책과	1	7	7	8	7	5	5	4
68	교육부	정보시스템 운영(사학진흥기금)(정보화)	415,000	사립대학정책과	1	5	7	8	7	5	5	4
69	교육부	대학교육프로그램 평가인증 지원	93,000	영상행동정책과	2	1	7	8	7	5	5	4
70	교육부	소속기관 청사유지관리	1,017,210	예산담당관	1	7	7	8	7	5	5	4
71	교육부	교육기관 졸업자 취업통계조사	2,173,000	인재양성정책과	2	1	7	8	7	5	5	4
72	교육부	중앙교육연수원 교육훈련지원(수입대체)	604,992	중앙교육연수원	1	1	7	8	7	5	5	4
73	교육부	자체계 구축	1,514,000	평생학습정책과	2	1	7	8	7	5	5	4
74	교육부	교육정책이해제고	90,000	홍보담당관	1	8	7	8	7	5	5	4
75	국가보훈처	보훈심사위원회운영	12,000	보훈심사위원회	1	7	7	8	7	5	5	4
76	국가보훈처	등록관리	14,000	등록관리과	1	7	7	8	7	5	5	4
77	국가보훈처	취업지원	45,000	선양정책과	1	1	7	8	7	5	5	4
78	국가보훈처	보훈신계율진	10,000	선양정책과	1	7	7	8	7	5	5	4
79	국가보훈처	현충시설관리	20,000	현충시설과	1	7	7	8	7	5	5	4
80	국가보훈처	국립대한민국임시정부기념관운영	100,000	국립대한민국임시정부기념관	1	7	7	8	7	5	5	4
81	국가보훈처	독립유공자묘소관리등행사	63,000	공훈관리과	1	7	7	8	7	5	5	4
82	국가보훈처	국가유공자등예우및지원	256,000	예우정책과	1	7	7	8	7	5	5	4
83	국가보훈처	국립대전현충원	147,000	국립대전현충원	1	7	7	8	7	5	5	4
84	국가보훈처	국립3.15묘지	5,000	국립3.15민주묘지관리소	1	7	7	8	7	5	5	4

순번	기관명	지출명(사업명)	2022년 예산 (단위:천원/1년간)	담당부서	민간이전 분류 (2022년 예산안편성운용지침 의거) 1.권리구제비(210-15목) 2.민간위탁사업비(320-02목) 3.법정민간대행사업비(320-08목)	민간이전지출 근거 1.법률에 규정 2.국고보조 재원(국가지정) 3.용도 지정 기부금 4.시행규칙 및 운용 규정 5.국가가 권장하는 사업을 하는 공공기관 6.국가 정책 및 재정사정 7.기타 8.해당없음	계약체결방법(경쟁형태) 1.일반경쟁 2.제한경쟁 3.지명경쟁 4.수의계약 5.협상계약 6.기타() 7.해당없음	계약기간 1.1년 2.2년 3.3년 4.4년 5.5년 6.기타(1년) 7.단기계약(1년미만) 8.해당없음	낙찰자선정방법 1.적격심사 2.협상에의한계약 3.최저가낙찰 4.규격가격분리 5.2단계 경쟁입찰 6.기타 7.해당없음	운영예산 산정 1.내부산정(부서 자체적으로 산정) 2.외부산정(외부전문기관위탁 산정) 3.내외부 모두 산정 4.신청룔 5.해당없음	정산방법 1.내부정산(부서 내부적으로 정산) 2.외부정산(외부전문기관위탁 정산) 3.내외부 모두 산정 4.정산 룔 5.해당없음	성과평가 실시여부 1.실시 2.미실시 3.향후 추진 4.해당없음
85	국가보훈처	국립5.18묘지	17,200	국립5.18민주묘지관리소	1	7	7	8	7	5	5	4
86	국가보훈처	국립영천호국원	229,000	국립영천호국원	1	7	7	8	7	5	5	4
87	국가보훈처	국립임실호국원	224,562	국립임실호국원	1	7	7	8	7	5	5	4
88	국가보훈처	국립이천호국원	205,100	국립이천호국원	1	7	7	8	7	5	5	4
89	국가보훈처	국립산청호국원	359,000	국립산청호국원	1	7	7	8	7	5	5	4
90	국가보훈처	국립신암선열공원	13,002	국립신암선열공원	1	7	7	8	7	5	5	4
91	국가보훈처	국립괴산호국원	349,780	국립괴산호국원	1	7	7	8	7	5	5	4
92	국가보훈처	국립제주호국원	158,000	국립제주호국원	1	7	7	8	7	5	5	4
93	국가보훈처	재대군인취업지원	81,645	재대군인일자리과	1	7	7	8	7	5	5	4
94	국가보훈처	국제보훈교류협력사업	30,000	국제협력담당관	1	7	7	8	7	5	5	4
95	국가보훈처	서울지방운영	60,200	서울지방보훈청	1	7	7	8	7	5	5	4
96	국가보훈처	부산지방운영	24,436	부산지방보훈청	1	7	7	8	7	5	5	4
97	국가보훈처	대전지방운영	33,000	대전지방보훈청	1	7	7	8	7	5	5	4
98	국가보훈처	대구지방운영	10,100	대구지방보훈청	1	7	7	8	7	5	5	4
99	국가보훈처	광주지방운영	41,120	광주지방보훈청	1	7	7	8	6	5	5	4
100	국가보훈처	행정효율성증진및노력개발	56,000	혁신행정담당관	1	1	4	1	2	1	1	2
101	국가보훈처	보훈상담센터운영	21,000	감사담당관	1	1	4	1	7	1	1	2
102	국가보훈처	국가보훈처 정보화사업(정보화)	2,497,000	정보화담당관	1	1	4	1	7	1	1	2
103	국가보훈처	국가정신계승발전	715,000	선양정책과	2	1	4	1	7	1	1	2
104	국세청	국세상담센터 기본경비	403,243	상담센터	1	1	4	2	2	1	1	2
105	국세청	기관운영 기본경비	107,000	행정팀	1	1	7	8	7	5	5	4
106	국세청	서울청 기본경비	1,610,017	남대문	1	1	4	2	8	1	1	4
107	국세청	서울청 기본경비	1,701,870	서대문	1	1	4	1	1	1	1	2
108	국세청	서울청 기본경비	1,748,729	중부	1	1	4	1	1	1	1	2
109	국세청	서울청 기본경비	1,080,188	목	1	1	4	1	1	1	1	2
110	국세청	광주청 기본경비	216,000	서울청	1	1	4	1	1	1	1	2
111	국세청	광주청 기본경비	174,000	서울청	1	1	4	1	1	1	1	3
112	국세청	광주청 기본경비	21,912	서울청	1	1	4	1	1	1	1	3
113	국세청	광주청 기본경비	21,912	서울청 외 28개 관서	1	1	4	3	3	1	1	3
114	국세청	교육원 기본경비	342,000	교육원	1	1	7	8	7	5	5	4
115	국세청	교육원 기본경비	19,638	교육원	1	1	4	1	1	1	1	2
116	국세청	교육원 기본경비	17,784	교육원	1	1	4	2	1	1	1	2
117	국세청	교육원 기본경비	14,916	교육원	1	1	4	1	1	1	1	2
118	국세청	중부청 기본경비	11,262	중부청	1	1	4	1	6	1	1	4
119	국세청	광주청 기본경비	332,000	대전청	1	1	4	1	2	1	1	2
120	국세청	광주청 기본경비	190,000	광주청	1	1	4	1	1	1	1	4
121	국세청	광주청 기본경비	177,000	광주청	1	1	4	8	7	5	5	4
122	국세청	대구청 기본경비	159,303	대구청	1	1	4	1	1	1	1	4
123	국세청	부산청 기본경비	210,614	부산청	1	1	4	1	7	1	1	4
124	국세청	인천청 기본경비	187,200	인천청	1	1	4	1	7	1	1	4
125	국세청	FIU정보통합분석시스템(FOCAS)(운영보호)	815,000	조사기획과	1	1	2	1	2	1	1	4
126	국세청	국세통계시스템 구축 및 운영(정보화)	1,708,000	국세통계	1	1	5	5	5	5	5	1
127	국세청	실시간 소득파악제도 운영	24,000	소득파악	1	1	7	8	7	1	1	4

순번	기관명	지출명(사업명)	2022년 예산 (단위:천원/1년간)	담당부서	민간이전 분류 (2022년 예산및기금운용체육집행지침에 의거) 1.관리용역비(210-15목) 2.민간위탁사업비(320-02목) 3.법정민간대행사업비(320-08목)	민간이전지출 근거 1.법률에 규정 2.국고보조 재원(국가지정) 4.용도 지정 기부금 5.시행규칙 및 운영 규정 6.국가가 권장하는 사업을 하는 공공기관 7.국가 정책 및 재정상황 8.해당없음	계약체결방법(경쟁형태) 1.일반경쟁 2.제한경쟁 3.지명경쟁 4.수의계약 5.방침계약 6.기타( ) 7.해당없음	계약기간 1.1년 2.2년 3.3년 4.4년 5.5년 6.기타( )년 7.단가계약(1년이내) 8.해당없음	낙찰자선정방법 1.적격심사 2.협상에의한계약 3.최저가낙찰 4.규격가격분리 5.2단계 경쟁입찰 6.기타 7.해당없음	운영예산 산정 1.내부산정(부서 자체작으로 산정) 2.외부산정(외부전문기관에 선정) 3.내·외부 모두 산정 4.산정 無 5.해당없음	정산방법 1.내부정산(부서 내부적으로 정산) 2.외부정산(외부전문기관이 정산) 3.내·외부 모두 4.정산無 5.해당없음	성과평가 실시여부 1.실시 2.미실시 3.향후 추진 4.해당없음
128	국세청	국세행정지원시스템 운영(정보화)	431,982	전산정보	1	1	7	8	7	5	5	4
129	국세청	2022년 국세상담시스템 운영 및 유지관리	960,000	국세상담센터	1	1	2	1	2	1	1	1
130	국세청	2022년 이러닝 콘텐츠 개발 및 LMS 유지관리	339,760	국세공무원교육원 교육기획과	1	1	1	2	2	1	1	4
131	국세청	2022년 e-민원시스템 운영 및 유지관리	846,695	정보화담당관실	1	1	1	1	2	1	1	4
132	국세청	2022년 해외금융정보 교환분석시스템 운영 및 유지관리	691,320	역외정보담당관실	1	1	1	1	2	1	1	4
133	국세청	2022년 국제원관리 통합분석시스템 유지관리(장기2차)	146,000	국제세원관리담당관실	1	1	2	2	2	1	1	1
134	국세청	2022년 자료관리시스템 유지관리(장기2차)	294,000	세원분석과	1	1	2	2	2	1	1	4
135	국세청	2022-2023년 주류유통정보시스템 운영 및 유지관리(장기1차)	104,000	소비세과	1	1	1	1	2	1	1	4
136	국세청	2022-2023년 전산자료구축시스템(포렌식) 유지관리(장기1차)	635,000	첨단탈세방지담당관실	1	1	2	1	2	1	1	4
137	국세청	2022년 국세청 업무용 전산장비 유지관리	1,565,973	정보화담당관실	1	1	1	1	2	1	1	4
138	국세청	2022년 네트워크 통합 유지관리	1,409,000	정보보호팀	1	1	2	1	2	1	1	4
139	국세청	2022년 감사정보시스템 유지관리(장기2차)	220,000	감사담당관실	1	1	2	1	2	1	1	4
140	국세청	2022년 국세청 홈페이지 유지관리	436,551	정보화운영담당관실	1	1	2	1	2	1	1	4
141	국세청	2022년 지식관리시스템 운영 및 유지관리	161,931	정보화운영담당관실	1	1	1	1	2	1	1	4
142	국세청	2022년 우편물자동화센터 유지관리(장기2차)	168,776	예산경제담당관실	1	1	2	2	2	1	1	4
143	국세청	2022년 사이버안전센터 외주용역	912,000	정보보호팀	1	1	1	1	2	1	1	4
144	국세청	2022년 정보화센터 외주협력	1,506,928	정보화운영담당관실	1	1	1	1	2	1	1	4
145	국세청	복지행정정보시스템 구축 및 운영(정보화)	4,573,710	소득재산	1	1	1	8	7	5	5	4
146	국세청	취업후학자금상환 전산시스템 운영(정보화)	650,000	전산정보	1	1	7	8	7	5	5	4
147	국세청	엔티스 전산시스템 운영(정보화)	2,227,000	전산정보	1	1	2	1	2	1	1	4
148	국세청	빅데이터 시스템 운영 및 유지관리	25,490,159	전산정보	1	1	7	8	7	5	5	4
149	국세청	2022년 서해종합기상관측기지 운영 대행역무사업	737,000	전산정보	1	1	7	8	7	5	5	3
150	국세청	정보분석시스템 운영	2,545,000	대전청	1	1	4	1	7	5	5	4
151	기재청	2022년 기상측정 진초 및 운영 대행역무사업	155,503	국립기상과학원 연구운영지원과	3	1	4	1	1	1	1	4
152	기재청	국제기구맞춤국기상협력	228,000	출입자관리과	3	5	4	8	7	5	5	4
153	기재청	개도국 기상기후업무 수행기반 구축운영 지원(ODA)	4,038,000	국제협력과	3	5	4	8	7	1	1	2
154	기재청	지상·고층기상측정 확충 및 운영	13,679,000	관측정책과	3	1	5	1	2	1	1	4
155	기재청	해양기상관측 확충 및 운영	14,869,000	관측정책과	3	1	5	1	7	1	1	4
156	기재청	생활기상정보 통합관리시스템 운영 및 기능개선	215,000	기상융합서비스과	3	8	4	8	7	1	1	4
157	기재정보	국가표준 지진측정망 검정체계 운영	600,000	지진화산기술팀	3	6	4	1	7	1	1	2
158	기재청	2022년 북·도 해양기상관측기지 운영 대행역무사업	458,741	수도권기상청 관측과	3	1	5	2	2	1	1	4
159	기재청	공공기관 결산시스템 운영 및 기능개선	78,000	출납관리과	3	8	7	8	7	5	5	4
160	기재정부	국가운영통합페이지 운영유지보수	79,216	복권출판과	1	6	7	8	2	1	1	4
161	기재정부	정사홍보 및 시설개선	292,000	운영지원과	2	8	2	2	2	1	1	2
162	농촌진흥청	오별등급제 운영	600,000	관광산업정책과	1	7	7	8	7	5	5	4
163	문화체육관광부	전시콘텐츠 제작 및 운영	20,000	전시운영과	1	8	7	8	7	5	5	4
164	문화체육관광부	영상정책지원(아카데미 사옥 시설관리)	478,000	한국영화아카데미	1	7	7	8	7	5	5	4
165	문화체육관광부	박물관·미술관 평가인증제 운영	201,000	문화기반과	2	1	7	8	7	5	5	4
166	문화체육관광부	사서자격증 발급 지원	140,000	도서관정책기획단	2	1,4	7	8	7	5	5	4
167	문화체육관광부	다국어 포털 크리에이션 유지관리	500,000	해외문화홍보콘텐츠과	1	1	7	8	7	1	1	4
168	문화체육관광부	정보시스템 유지수 사업	417,000	외신협력과	1	1	7	8	7	1	1	4
169	문화체육관광부	재외문화원 행정지원시스템 운영	1,734,000	해외문화홍보정보과	1	1	7	8	7	5	5	4

순번	기관명	지출명(사업명)	2022년 예산(단위:천원/1년간)	담당부서	민간위탁 분류 (2022년 예산및기금운용계획집행지침의 의거) 1. 관리용역 (210-15목) 2. 민간위탁사업비 (320-02목) 3. 법정민간대행사업비 (320-08목)	민간이전지출 근거 1. 법률에 규정 2. 국고보조재원(국가지정) 3. 용도 지정 기부금 4. 시행규칙 및 운영 규정 5. 국가가 권장하는 사업을 하는 공공기관 6. 국가 정책 및 재정사항 7. 기타 8. 해당없음	계약체결방법(경쟁여부) 1. 일반경쟁 2. 제한경쟁 3. 지명경쟁 4. 수의계약 5. 법정위탁 6. 기타( ) 7. 해당없음	계약기간 1. 1년 2. 2년 3. 3년 4. 4년 5. 5년 6. 기타( ) 7. 단기계약(1년미만) 8. 해당없음	낙찰자선정방법 1. 적격심사 2. 협상에의한계약 3. 최저가낙찰 4. 규격가격분리 5. 2단계 경쟁입찰 6. 기타( ) 7. 해당없음	운영예산 산정 1. 내부산정(부서 자체적으로 산정) 2. 외부산정(외부전문기관에서 산정) 3. 내·외부 모두 산정 4. 산정無 5. 해당없음	정산방법 1. 내부정산(부서 내부적으로 정산) 2. 외부정산(외부전문기관에서 정산) 3. 내·외부 모두 산정 4. 정산無 5. 해당없음	성과평가 실시여부 1. 실시 2. 미실시 3. 향후 추진 4. 해당없음
171	문화체육관광부	정보시스템 유지관리	839,000	해외문화홍보콘텐츠과	1	1	7	8	7	5	5	4
172	문화체육관광부	(정체직) 캠콘텐츠 개발	32,000	콘텐츠기획과	1	6	7	8	7	5	5	4
173	문화체육관광부	(전시) 장비비품 유지보수	275,000	콘텐츠사업과	1	6	7	8	7	5	5	4
174	문화체육관광부	(시설관리) 승강기 유지관리용역	98,660	시설관리과	1	1	7	8	7	5	5	4
175	문화체육관광부	(시설관리) 사업장폐기물 위탁처리 용역	31,700	시설관리과	1	8	7	8	7	5	5	4
176	문화체육관광부	(시설관리) 방역소독 용역	20,000	시설관리과	1	8	7	8	7	5	5	4
177	문화체육관광부	2022년 국립현대미술관 정보서비스 유지관리	322,000	기획총괄과	1	1	7	8	7	5	5	4
178	문화체육관광부	미술은행 정보서비스수 유지관리	160,000	기획총괄과	1	1	7	8	7	5	5	4
179	문화체육관광부	정보시스템유지보수	334,000	기획운영과	1	1	7	8	7	5	5	4
180	문화체육관광부	시설관리	40,000	전시운영과	1	8	7	8	7	5	5	4
181	문화체육관광부	2022년 국립민속박물관 승강기 유지보수 용역	7,980	민속기획과	1	8	7	8	7	5	5	4
182	문화체육관광부	2022년 국립민속박물관 무인전자 경비시스템 유지보수 용역	9,960	민속기획과	1	8	7	8	7	5	5	4
183	문화체육관광부	2022년 국립민속박물관 통신설비 유지관리 용역	7,404	민속기획과	1	8	7	8	7	5	5	4
184	문화체육관광부	2022년 국립산업전리관 업무 용역	5,760	민속기획과	1	8	7	8	7	5	5	4
185	문화체육관광부	2022년 국립민속박물관 실의 무인계수시스템 유지보수 용역	1,980	민속기획과	1	8	7	8	7	5	5	4
186	문화체육관광부	2022년 국립민속박물관 전시시스템 통합유지관리	286,110	민속기획과	1	8	7	8	7	5	5	4
187	문화체육관광부	2022년 국립민속박물관 정보서비스 통합유지관리	60,000	민속기획과	1	8	7	8	7	5	5	4
188	문화체육관광부	2022년 국립민속박물관 보존처리과 프로그램 기동개선 및 통합관리	25,900	유물과학과	1	8	7	8	7	5	5	4
189	문화체육관광부	2022년 방사선 발생장치 안전관리 용역	4,980	유물과학과	1	8	7	8	7	5	5	4
190	문화체육관광부	2022년도 파주관 산업안전관리 업무 위탁 용역	2,400	유물과학과	1	7	7	8	7	5	5	4
191	문화체육관광부	2022년도 파주관 무인전자경비시스템 유지보수 용역	6,984	유물과학과	1	6	7	8	7	5	5	4
192	문화체육관광부	2022년 국립민속박물관 통신설비 유지보수 용역	4,620	유물과학과	1	6	7	8	7	5	5	4
193	문화체육관광부	2022년 파주관 승강기 유지보수 용역	5,832	유물과학과	1	1	7	8	7	5	5	4
194	문화체육관광부	2022년 국립민속박물관 전시운영 청소 용역	24,728	전시운영과	1	8	7	8	7	5	5	4
195	문화체육관광부	2022년 국립민속박물관 어린이박물관 청소 및 소독 용역	40,186	어린이박물관과	1	8	7	8	7	5	5	4
196	문화체육관광부	2022년 국립민속박물관 어린이박물관 홈페이지 유지보수 용역	19,910	어린이박물관과	1	8	7	8	7	5	5	4
197	문화체육관광부	e-뮤지엄 서비스 위탁운영	574,000	소통협력과	1	7	7	8	7	5	5	4
198	문화체육관광부	대국민 예술수첩시스템 운영	411,900	디지털소통경제과	1	6	7	8	7	5	5	4
199	문화체육관광부	정체홍보지원시스템 운영	854,980	디지털소통경제과	1	6	7	8	7	5	5	4
200	문화체육관광부	공감 누리집 운영 개선	200,000	콘텐츠기획과	1	1	7	8	7	5	5	4
201	문화체육관광부	2021~2022년 정책포털시스템 위탁운영	1,031,527	정책포털과	1	8	7	8	7	5	5	4
202	문화체육관광부	2022~2023년 공직자통합메일 운영 및 유지보수	1,149,500	정책포털과	1	8	7	8	7	5	5	4
203	문화체육관광부	문화영향평가 운영	1,590,000	문화정책과	2	2	7	8	7	5	5	4
204	문화체육관광부	문화여가 정책 기반 구축	400,000	문화정책과	1	8	7	8	7	5	5	4
205	문화체육관광부	동호동인제 참여자명예회복심의위원회 운영	300,000	전통문화과	2	1	7	8	7	5	5	4
206	문화체육관광부	스포츠산업활성화 지원	200,000	스포츠산업과	1	5	7	8	7	5	5	4
207	문화체육관광부	스포츠산업활성화 지원	651,000	스포츠산업과	1	5	7	8	7	5	5	4
208	문화체육관광부	2022년 국립중앙극장 승강기 유지관리 용역	21,070	시설관리팀	1	8	7	8	7	5	5	4
209	문화체육관광부	2022년 국립중앙극장 전자교환기 유지관리 용역	6,350	시설관리팀	1	8	7	8	7	5	5	4
210	문화체육관광부	2022년 국립중앙극장 소방안전관리대행용역	7,920	시설관리팀	1	8	7	8	7	5	5	4
211	문화체육관광부	2022년 국립극장 산업안전관리자 유지원용역	6,000	시설관리팀	1	8	7	8	7	5	5	4
212	법무부	법률종합닥터 홈페이지 유지관리	48,000	인권구조과	1	7	2	1	2	1	1	4
213	법무부	인권침해사건 진산방 정비 유지보수 서비스	9,413	인권조사과	1	7	4	7	7	1	1	4

순번	기관명	사업명 (사업명)	2022년 예산 (단위:천원/1년간)	담당부서	민간위탁 분류 (2022년 예산및기금운용계획행정지원에 의거) 1. 관리용역비 (210-15목) 2. 민간위탁사업비 (320-02목) 3. 법정민간대행사업비 (320-08목)	민간위탁지출 근거 1.법률에 규정 2.국고보조 재원(국가지정) 4.용도 지정 기부금 5.시행규칙 및 운영 규정 6.국가가 결정하는 사업을 하는 공공기관 7.기타 8.해당없음	계약체결방법 (경쟁형태) 1.일반경쟁 2.제한경쟁 3.지명경쟁 4.수의계약 5.법정계약 6.기타() 7.해당없음	계약기간 1.1년 2.2년 3.3년 4.4년 5.5년 6.기타() 7.단기계약 (1년미만) 8.해당없음	낙찰자선정방법 1.적격심사 2.협상에의한계약 3.최저가낙찰 4.규격가격분리 5.2단계 경쟁입찰 6.기타() 7.해당없음	운영예산 산정 1.내부산정 (부서 자체적으로 산정) 2.외부산정 (외부전문기관위탁 산정) 3.내·외부 모두 산정 4.산정 無 5.해당없음	정산방법 1.내부정산 (부서 내부적으로 정산) 2.외부정산 3.내·외부 모두 정산 4.정산 無 5.해당없음	성과평가 실시여부 1.실시 2.미실시 3.향후 추진 4.해당없음
214	법무부	화상조사전산시스템 시설장비유지비	3,500	인권조사과	1	7	4	1	7	1	1	4
215	법무부	검찰 IT지원센터 위탁	126,000	검찰과	1	7	1	1	2	1	1	1
216	법무부	검찰 사이버안전센터 위탁	928,000	검찰과	1	4	1	1	1	1	1	1
217	법무부	소방교도소 등 교정활동사업비	10,355,647	분류심사과	3	1	5	6	7	1	3	2
218	법무부	전자지문등기 유지보수	1,515,000	범죄예방기획과	1	7	1	1	2	1	1	1
219	법무부	전자독점장치 유지보수	3,218,760	범죄예방기획과	1	7	1	1	2	1	1	1
220	법무부	법무사이버안전센터 위탁운영	1,753,000	정보보호데이터담당관	1	4	4	2	2	1	1	4
221	법무부	형사사법정보시스템 유지관리 및 위탁운영	3,702,000	형사사법공통시스템운영단	1	2	2	3	2	1	1	1
222	법무부	형사사법통계시스템 유지관리 및 위탁운영	1,383,000	형사사법공통시스템운영단	1	2	2	1	2	1	1	1
223	법무부	형사사법공통시스템 사용자 지원 및 OP운영	530,000	형사사법공통시스템운영단	1	2	5	6	7	1	1	4
224	법무부	민영교도소 법정민간대행사업비	437,997	직업훈련과	3	1	5	6	7	1	3	2
225	법무부	공익신용공사시스템 유지보수	4,600	상사무과	1	7	4	1	7	1	1	3
226	법무부	전자공중시스템 유지보수 및 유탁관리	406,500	법무과	1	7	2	1	2	1	1	1
227	법무부	변호사전자시설원시스템 유지운영	57,977	법무과	1	7	2	1	2	1	1	2
228	법무부	변호사시설장비 유지보수	17,040	법조인력과	1	7	4	1	6	1	1	4
229	법무부	법제교육센터 경비 및 청소용역	92,361	법제교육원	1	8	2	1	1	1	1	2
230	법제처	세계법제정보센터 운영 및 홍보 위탁	707,791	법제제정보담당관	2	1	4	1	7	1	1	4
231	법제처	찾기 쉬운 생활법령정보서비스 사업	973,632	법제제정보담당관	2	1	4	1	7	1	1	4
232	법제처	행정정보 관리업무 민간위탁	1,713,147	체계자정비관	1	1	4	1	7	1	1	4
233	법제처	국가법령정보서비스 유지·보수 사업	1,344,593	법령정보담당관	1	8	7	8	7	5	5	4
234	법제처	정부입법지원시스템 유지·보수 사업	1,650,000	법령정보담당관	1	8	7	8	7	5	5	4
235	법제처	처내업무 행정정보보호 유지·보수 사업	954,175	법제정보담당관	1	8	7	8	7	5	5	4
236	산림청	국립수목원 기본경비	123,240	국립수목원	1	7	7	8	7	5	5	4
237	산림청	국립수목원 운영	37,000	국립수목원	1	7	7	8	7	5	5	4
238	산림청	산림생활원중진	30,000	국립수목원	1	7	7	8	7	5	5	4
239	산림청	국립산림과학원 기본경비(R&D)	23,472	국립산림과학원	1	7	7	8	7	5	5	4
240	산림청	국립산림과학원 기본경비(R&D)(총액인건비)	118,825	국립산림과학원	1	7	7	8	7	5	5	4
241	산림청	산림과학정보화(정보화)	168,500	국립산림과학원	1	7	7	8	7	5	5	4
242	산림청	산림탄소관리 및 활용 기반구축	705,005	산림정책과	1	7	7	8	7	5	5	4
243	산림청	목목상	120,000	산림행정기획관	1	7	7	8	7	5	5	4
244	산림청	산림품종보호·재종원관리	308,000	산림향공본부	1	7	7	8	7	5	5	4
245	산림청	목재제품 품질관리	57,000	국립산림품종관리센터	1	7	7	8	7	5	5	4
246	산림청	산림휴양등산중진	100,000	산림산업과	1	7	7	8	7	5	5	4
247	산림청	산불방지대책	828,000	산림휴양등산과	1	7	7	8	7	5	5	4
248	산림청	산림헬기 도입·운영	126,000	산림방지과	1	7	7	8	7	5	5	4
249	산림청	산사태재난 경계피난	148,000	산림방공본부	1	7	7	8	7	5	5	4
250	산림청	산림행공본부 기본경비	36,168	산림향공본부	1	7	7	8	7	5	5	4
251	산림청	산림교육운영	34,730	산림교육과	1	7	7	8	7	5	5	4
252	산림청	국립산림품종관리센터 기본경비	32,483	국립산림품종관리센터	1	7	7	8	7	5	5	4
253	산림청	국립산림공원 기본경비	230,857	국유림경영과	1	7	7	8	7	5	5	4
254	산림청	지방산림청 운영지원	7,000	국유림경영과	1	7	7	8	7	5	5	4
255	산림청	산림자원보장(정보화)	5,764,000	정보통계담당관	1	7	7	8	7	5	5	4
256	산림청	스마트 산림재해 대응(정보화)	111,000	산불방지과	1	7	7	8	7	5	5	4

순번	기관명	지출명(사업명)	2022년 예산(단위:천원/1년간)	담당부서	민간인 분류류 (2022년 예산반기금운용계획집행지침의 의거) 1. 관리용역비 (210-15목) 2. 민간위탁사업비 3. 법정민간대행사업비 (320-08목)	민간위탁지출 근거 1. 법률에 규정 2. 국고보조재원(국가지정) 3. 용도지정 기부금 4. 시행규칙 및 훈령 규정 5. 국가가 권장하는 사업을 하는 공공기관 6. 국가 정책 및 계획사항 7. 기타 8. 해당없음	계약체결방법(경쟁형태) 1. 일반경쟁 2. 제한경쟁 3. 지명경쟁 4. 수의계약 5. 법정위탁 6. 기타( ) 7. 해당없음	입찰방식 계약기간 1. 1년 2. 2년 3. 3년 4. 4년 5. 5년 6. 기타( ) 7. 단기계약(1년미만) 8. 해당없음	낙찰자선정방법 1. 적격심사 2. 협상에의한계약 3. 최저가낙찰 4. 규격가분리 5. 2단계 경쟁입찰 6. 기타 7. 해당없음	운영예산 산정 운영예산산정 1. 내부산정(부서 자체적으로 산정) 2. 외부산정(외부전문기관위탁 산정) 3. 내·외부 모두 산정 4. 산정無 5. 해당없음	정산방법 1. 내부정산 (부서 내부적으로 정산) 2. 외부정산 (외부전문기관위탁 정산) 3. 내·외부 모두 산정 4. 정산無 5. 해당없음	성과평가 실시여부 1. 실시 2. 미실시 3. 향후 추진 4. 해당없음
257	산림청	임산물생산기반조성	30,000	사유림경영소득과	1	7	7	8	7	5	5	4
258	산림청	임업기능인양성	661,500	산림자원과	1	7	7	8	7	5	5	4
259	산림청	숲길네트워크 구축	1,388,741	산림휴양등산과	1	7	7	8	7	5	5	4
260	산림청	국립자연휴양림관리소 기본경비(손익/중앙인건비)	4,560	국립자연휴양림관리소	1	7	7	8	7	5	5	4
261	산림청	국립자연휴양림 운영(손익)	6,141,000	국립자연휴양림관리소	1	7	7	8	7	5	5	4
262	산림청	국립수목원 운영	120,000	국립수목원	2	7	7	8	7	5	5	4
263	산림청	산림정책개발	462,000	산림정책과	2	7	7	8	7	5	5	4
264	산림청	산지관리	2,483,000	산지정책과	2	7	7	8	7	5	5	4
265	산림청	정원조성관리	3,357,000	정원팀	2	7	7	8	7	5	5	4
266	산림청	산촌활성화지원	4,490,000	산림복지정책과	2	7	7	8	7	5	5	4
267	산림청	산림교육자유활성화	1,023,000	산림교육치유과	2	7	7	8	7	5	5	4
268	산림청	산불방지대책	500,000	산불방지과	2	7	7	8	7	5	5	4
269	산림청	목재산업육성	250,000	목재산업과	2	7	7	8	7	5	5	4
270	산림청	산림경영지도	320,000	산림정책과	2	7	7	8	7	5	5	4
271	산림청	산림병해충방제	1,094,000	산림병해충방제과	3	7	7	8	7	5	5	4
272	산림청	목재생산관리	70,000	산림자원과	3	7	7	8	7	5	5	4
273	산림청	목재제품 품질관리	193,000	목재산업과	3	7	7	8	7	5	5	4
274	산림청	국가산림통계	4,291,646	정보통계담당관실	3	7	7	8	7	5	5	4
275	산림청	산림공간정보기반조성	5,567,000	정보통계담당관실	3	7	7	8	7	5	5	4
276	산림청	목재산업육성	100,000	목재산업과	3	7	7	8	7	5	5	4
277	산림청	목재이용증진	46,000	목재산업과	3	7	7	8	7	5	5	4
278	산림청	임업통계조사	3,830,000	정보통계담당관실	3	1	1	8	2	1	1	1
279	식품의약품안전처	축수산물 안전관리	278,000	축산물안전정책과	2	1	1	7	7	1	2	1
280	식품의약품안전처	식중독 예방 및 관리	2,073,000	식중독예방과	2	1	5	8	7	1	2	1
281	식품의약품안전처	수입식품 현지 안전관리	779,000	현지실사과	2	1	5	8	7	1	2	1
282	식품의약품안전처	임상시험 안전기준 강화	1,516,000	임상정책과	2	1	1	8	2	1	1	3
283	식품의약품안전처	바이오의약품 국제 경쟁력 강화	860,000	바이오의약품정책과	2	1	5	8	7	1	1	1
284	식품의약품안전처	희소·긴급 도입필요 의료기기 공급	1,521,000	의료기기정책과	2	1	4	8	7	1	1	1
285	식품의약품안전처	의료기기 안전관리체계 구축	1,033,000	의료기기정책과	3	1	5	8	7	1	1	1
286	식품의약품안전처	혁신의료기기 등 지원 및 관리체계 구축	357,000	혁신진단기기정책과	2	1	5	1	7	1	2	3
287	식품의약품안전처	연구개발사업 관리(R&D)	1,200,000	기획조정관	2	1	5	8	7	1	2	1
288	식품의약품안전처	식의약품 안전정보체계 선진화(정보화)	2,840,000	정보화담당관	2	1	1	8	7	1	2	1
289	식품의약품안전처	마약류통합관리시스템 구축 및 운영(정보화)	2,584,000	마약관리과	2	1	1	1	7	1	1	1
290	식품의약품안전처	인허가 실사지원 등	895,000	기획조정관	2	6	7	8	7	5	5	4
291	외교부	통합인사과관리시스템 유지 관리	85,000	인사제도팀장	1	1	4	1	7	2	5	4
292	외교부	신문방송 뉴스지제물 통합 이용 시스템 케어(스크랩대행)	45,000	대변인실 공보팀	1	1	7	8	7	5	5	4
293	외교부	중남미지역국가와의교류협력강화	30,000	중남미협력과	1	1	7	8	7	5	5	4
294	외교부	영토주권 수호 및 국제법을 통한 국익증진	74,000	영토해양과	1	7	7	8	7	5	5	4
295	외교부	영토주권 수호 및 국제법을 통한 국익증진	100,000	조약과	1	7	7	8	7	5	5	4
296	외교부	영토주권 수호 및 국제법을 통한 국익증진	74,000	영토해양과	1	7	7	8	7	5	5	4
297	외교부	물품 전산운영	20,000	운영지원담당관실	1	7	7	8	7	5	5	4
298	외교부	국제기구 기본경비	26,000	유엔과	1	7	7	8	7	5	5	4
299	외교부	한·해양동남아 협력 포럼 관리 용역	42,000	동남아과	1	8	7	8	7	5	5	4

-7-

순번	기관명	지출명(사업명)	2022년 예산 (단위:천원/1년간)	담당부서	민간위탁 분류 (2022년 예산및기금운용계획집행지침에 의거) 1. 관리용역 (210-15목) 2. 민간위탁사업비 (210-10목) 3. 법정민간대행사업비 (320-08목)	민간위탁 근거 1. 법률의 규정 2. 국고보조 재원(국가지정) 3. 용도 지정 기부금 4. 시행규칙 및 운영 규정 5. 국가가 권장하는 사업을 하는 공공기관 6. 국가 정책 및 재정사정 7. 기타 8. 해당없음	계약체결방식 (경쟁형태) 1. 일반경쟁 2. 제한경쟁 3. 지명경쟁 4. 수의계약 5. 방침결약 6. 기타( ) 7. 해당없음	입찰방식 계약기간 1.1년 2.2년 3.3년 4.4년 5.5년 6. 기타( )년 7. 단가계약 (1년미만) 8. 해당없음	낙찰자선정방법 1. 적격심사 2. 협상에의한계약 3. 최저가낙찰 4. 규격가낙찰 5. 2단계 경쟁입찰 6. 기타( ) 7. 해당없음	운영예산 산정 1. 내부산정 (부서 자체적으로 산정) 2. 외부산정 (외부전문기관에 산정) 3. 내외부 모두 산정 4. 산정 無 5. 해당없음	정산방법 1. 내부정산 (부서 내부적으로 정산) 2. 외부정산 (외부전문기관에 정산) 3. 내외부 모두 산정 4. 정산 無 5. 해당없음	성과평가 실시여부 1. 실시 2. 미실시 3. 향후 추진 4. 해당없음
300	외교부	사행관 사업 지원	550,000	아태1과	2	1,6	7	8	7	5	5	4
301	외교부	외교문서 열람실 MF 판독출력기 유지보수	3,960	외교사료팀	1	8	7	8	7	5	5	4
302	외교부	RFID 시스템 유지보수	18,000	외교사료팀	1	8	7	8	7	5	5	4
303	외교부	장비 수리비 및 유지비	7,000	외교사료팀	1	8	7	8	7	5	5	4
304	외교부	전산실 영상장비 유지보수	18,000	외교사료팀	1	8	7	8	7	5	5	4
305	외교부	홈페이지 유지보수	22,400	외교사료팀	1	8	7	8	7	5	5	4
306	외교부	여권정보관리시스템(PICS) 응용 프로그램 운영 유지관리	1,142,000	여권과	1	7	7	8	7	5	5	4
307	외교부	여권무인 부대장비 유지관리	1,100,000	여권과	1	7	7	8	7	5	5	4
308	외교부	여권통신망 장비 및 부대시설	170,000	여권과	1	7	4	8	7	5	5	4
309	외교부	신용카드 결제시스템	15,000	여권과	1	7	4	5	6	1	1	2
310	외교부	여권유효기간 만료 사전 알림 서비스 유지관리	2,464	여권과	1	7	6	5	2	5	5	4
311	외교부	정기 채용조사 유지관리	5,000	여권과	1	7	4	7	7	1	1	4
312	외교부	인천공항 여권민원센터 청소	1,980	여권과	1	7	4	8	7	5	5	4
313	외교부	여권과 사무실 및 민원실 보안업체	6,000	여권과	1	7	4	8	7	5	5	4
314	외교부	국립외교원 승강기 유지관리	17,016	운영지원과	1	7	4	1	7	1	1	4
315	외교부	국립외교원 IP교환기 유지관리	5,400	운영지원과	1	7	4	1	7	1	1	4
316	외교부	국립외교원 전기안전관리자 직무고시 점검업무 대행	9,148	운영지원과	1	7	4	1	7	1	1	4
317	외교부	청사 소독	9,600	운영지원과	1	7	4	1	7	1	1	4
318	외교부	청사 미화 및 핸드드라이어	8,302	운영지원과	1	7	4	4	7	1	1	4
319	외교부	청사 수족관(어항)	3,960	운영지원과	1	7	4	4	7	1	1	4
320	외교부	청사 방역제	3,326	운영지원과	1	7	4	1	7	1	1	4
321	외교부	청사 정화조관리 대행	6,471	운영지원과	1	7	4	1	7	1	1	4
322	외교부	청사 소방안전관리 점검업무 대행	12,360	운영지원과	1	7	4	1	7	1	1	4
323	외교부	외교관후보자 등 신규 외무공무원 교육과정 강화	150,000	기획과	3	8	7	8	7	5	5	4
324	외교부	헬프라인(부조리신고센터) 운영	4,320	감찰담당관실	1	8	4	1	1	1	1	4
325	외교부	해외안전여행 홈페이지 운영	80,040	재외국민보호과	1	8	7	8	7	5	5	4
326	외교부	해외안전여행-국민외교 애플리케이션 유지보수	20,040	재외국민보호과	1	8	7	8	7	5	5	4
327	외교부	해외안전여행 애플리케이션 홈페이지 연계성 강화	60,000	재외국민보호과	1	8	2	8	1	5	5	4
328	외교부	영사콜센터 시스템 유지보수	144,000	해외안전진단센터(영사콜센터)	1	8	7	8	7	5	5	4
329	외교부	영사콜센터 시스템 개선	20,000	해외안전진단센터(영사콜센터)	1	8	5	1	7	1	1	4
330	외교부	영사콜센터 차세대 서비스 시스템 운영	856,000	해외안전진단센터(영사콜센터)	1	8	7	8	7	5	5	4
331	외교부	외교홍보영상관홍보(홈페이지 운영 및 관리)	253,000	대변인실 정책홍보담당관실	1	7	4	8	7	5	5	4
332	외교부	2022년 영사정보시스템 운영 및 유지관리	3,555,000	영사서비스과	1	8	6	4	7	5	5	4
333	인사혁신처	2022~2023년 전자인사관리시스템(e-사람) 유지관리 사업	2,049,000	정보화담당관실	3	6	4	1	7	1	1	2
334	인사혁신처	2022년 퇴직공무원 사회공헌 사업	3,946,000	연금복지과	3	1	4	1	7	1	1	2
335	인사혁신처	2022~2023년 국가인재데이터베이스시스템 유지관리	289,000	인재데이터담당관실	1	6	2	1	2	1	1	2
336	인사혁신처	2020~2022년 공직윤리시스템 유지관리 및 운영지원 사업	1,410,000	윤리정책과	1	6	4	8	7	5	5	2
337	인사혁신처	2022년도 맞춤정복 보안용역	445,000	인재조직과	1	6	2	1	1	1	1	2
338	중소벤처기업부	규제자유특구제도 운영	410	기획총괄과	1	7	7	8	7	5	5	4
339	중소벤처기업부	규제자유특구제도 운영	4,369	기획총괄과	2	1	5	1	7	1	3	1
340	중소벤처기업부	중소기업 홍부존 홈페이지 유지관리	75,000	글로벌성장정책관	1	1	7	8	7	5	5	4
341	중소벤처기업부	중소기업해외시장진출(브랜드 육성사업)	2,600,000	글로벌성장정책과	1	5	7	8	7	1	3	1
342	중소벤처기업부	글로벌혁신제품플랫폼(수출인큐베이터)	625,000	글로벌성장정책과	2	1	1	1	1	1	1	4

순번	기관명	사업명 (사업명)	2022년 예산 (단위:천원/1년간)	담당부서	민간이전 분류 (2022년 예산및기금운용계획집행지침 의거) 1.관리용역(210-15목) 2.민간위탁사업(320-02목) 3.법정민간대행사업(320-08목)	민간이전자출 근거 1.법률에 규정 2.국가고유 제품(국가지정) 3.용도 지정 기부금 4.시행령 및 훈령 규정 5.국가가 관장하는 사업관 하는 공공기관 6.국가 정책 및 재정사항 7.기타 8.해당없음	계약체결방법 (경쟁형태) 1.일반경쟁 2.제한경쟁 3.지명경쟁 4.수의계약 5.법정위탁 6.기타() 7.해당없음	입찰방식 계약기간 1.1년 2.2년 3.3년 4.4년 5.5년 6.기타(1년미만) 7.단기계약 8.해당없음	낙찰자선정방법 1.적격심사 2.협상에의한계약 3.최저가낙찰 4.규격가격분리 5.2단계 경쟁입찰 6.기타() 7.해당없음	운영예산 산정 1.내부산정 (부서 자체적으로 산정) 2.외부산정 (외부전문기관에 선정) 3.내외부모두산정 4.산정無 5.해당없음	정산방법 1.내부정산 (부서 내부적으로 정산) 2.외부정산 (외부전문기관에 정산) 3.내외부 모두 산정 4.정산無 5.해당없음	성과평가 실시여부 1.실시 2.미실시 3.향후 추진 4.해당없음
343	중소벤처기업부	글로벌화지원플랫폼(코리아스타트업센터)	7,700,000	기술창업과	2	1	7	8	8	1	1	1
344	중소벤처기업부	중소기업해외진출(전자상거래수출시장 진출_공동물류)	14,230,000	글로벌성장정책과	2	1	6	7	2	1	1	1
345	중소벤처기업부	글로벌혁신기반구축	5,000	국제협력과	1	5	4	1	7	1	1	4
346	중소벤처기업부	벤처캐피탈선진화	2,493,000	투자회수관리과	2	1	5	1	7	1	1,2	1
347	중소벤처기업부	연수사업	7,067,000	인력육성과	1	1,2	7	8	2	5	5	4
348	중소벤처기업부	기업인력애로 활용 등 정기점검	450,000	인력육성과	1	8	2	2	2	5	5	4
349	질병관리청	현장대응센터 차용 등 정기검점	20,000	위기대응총괄과	1	7	7	8	7	5	5	4
350	질병관리청	2022~2023년도 국립중개기체포재생센터 GMP 시설유지관리	1,454,500	난치성질환연구과	1	2	7	8	7	5	5	4
351	질병관리청	2022~2023년도 국립중개기체포재생센터 GMP 품질보증지원	363,753	난치성질환연구과	1	2	7	8	7	5	5	4
352	질병관리청	2022~2023년도 국립중개기체포재생센터 GMP 품질관리지원	314,174	난치성질환연구과	1	2	7	8	7	5	5	4
353	질병관리청	2022년도 국립중개기체포재생센터 GMP 제조위탁생산	309,000	난치성질환연구과	1	2	7	8	7	5	5	4
354	질병관리청	2022년도 국립중개기체포재생센터 병동봉사	9,600	난치성질환연구과	2	6	4	7	2	1	2	3
355	질병관리청	2021년 감염병 신고 활성화사업	80,000	감염병정책총괄과	2	6	7	8	7	5	5	4
356	질병관리청	국가백신 수급관리 지원	71,000	백신수급과	1	6	4	7	7	3	3	2
357	질병관리청	민간위탁사업	70,000	검역관리과	2	6	4	4	7	3	3	4
358	질병관리청	신종감염병 국가격리시설 운영	3,000	국립부산검역소	1	7	4	1	7	3	3	4
359	질병관리청	신종감염병 국가격리시설 운영	1,200	국립부산검역소	1	7	4	1	7	3	3	4
360	질병관리청	신종감염병 국가격리시설 운영	1,531	국립부산검역소	1	7	4	8	2	3	3	4
361	질병관리청	신종감염병 국가격리시설 운영	2,244	국립부산검역소	1	7	4	8	2	3	3	4
362	질병관리청	신종감염병 국가격리시설 운영	8,366	국립제주검역소	1	7	4	8	7	1	1	4
363	질병관리청	신종감염병 국가격리시설 운영	2,904	국립제주검역소	1	7	4	8	7	5	5	4
364	질병관리청	국립중앙인체자원은행 운영	37,000	바이오뱅크과	1	7	4	8	7	3	3	2
365	질병관리청	국립중앙인체자원은행 운영	76,000	바이오뱅크과	1	7	4	8	2	2	2	4
366	질병관리청	신뇌혈관질환 국가통계생산체계 운영	500,000	만성질환예방과	2	6	6	8	7	5	5	4
367	질병관리청	건강정보 개발 국가건강검진포털 운영	524,000	만성질환예방과	2	6	6	8	7	5	5	4
368	질병관리청	건강정보 의학전문수단 운영	90,000	만성질환예방과	2	6	6	8	7	5	5	4
369	질병관리청	국가건강검진 근거평가 및 효과적 연구 수행	100,000	만성질환관리과	1	8	4	8	7	5	5	4
370	질병관리청	2022 국가격리시설 승강기 유지관리 용역	3,960	국립인천공항검역소	1	8	7	8	1	1	1	4
371	질병관리청	2022 국가격리시설 소방안전관리 업무대행 용역	3,641	국립인천공항검역소	1	8	7	8	1	1	1	4
372	질병관리청	2022 국가격리시설 하수처리시설 유지관리 용역	4,800	국립인천공항검역소	1	8	7	8	1	1	1	4
373	질병관리청	22년 자가진단시스템 유지관리	422,000	정보통계담당관	1	7	4	8	7	5	5	4
374	질병관리청	22년 질병관리청 대표누리집 외 업무시스템 유지관리	2,515,000	정보통계담당관	1	7	2	1	1	1	1	1
375	질병관리청	코로나19 정보관리시스템 유지관리	276,000	정보통계담당관	1	6	7	8	7	5	5	4
376	질병관리청	2022년 감염병 통합정보지원시스템 전산장비 유지관리	835,000	정보통계담당관	1	6	7	8	7	5	5	4
377	질병관리청	홈페이지 예방을 위한 조사연구	135,000	정보통계담당관	1	6	7	8	7	5	5	4
378	질병관리청	홈페이지 예방을 위한 조사연구	65,000	건강해롭과	2	6	4	8	7	5	5	4
379	질병관리청	헬스케어 이용데이터 활용체계 및 인공지능 개발(R&D)	37,000	헬스케어인공지능연구과	1	7	7	8	7	5	5	4
380	질병관리청	헬스케어 빅데이터 쇼케이스 구축(정보화)	207,000	헬스케어인공지능연구과	1	7	5	8	7	5	5	4
381	질병관리청	결핵환자감염 치료비 지원	505,000	결핵정책과	2	1	5	8	7	1	1	4
382	질병관리청	전국 의료관련감염사체례운영(KONIS)	1,060,000	의료감염관리과	2	1	7	8	7	5	5	4
383	질병관리청	의료관련감염관리 교육위원 운영	400,000	의료감염관리과	2	1	7	8	7	5	5	4
384	질병관리청	국내 의료기관 감염관리 실태조사 운영	975,000	의료감염관리과	2	1	7	8	7	5	5	4
385	질병관리청	중소병원 감염관리 자문시스템 운영	983,000	의료감염관리과	2	1	7	8	7	5	5	4

- 9 -

순번	기관명	지출명(사업명)	2022년 예산(단위:천원/1년간)	담당부서	민간이전 분류 (2022년 예산및기금운용계획집행지침에 의거) 1.관리용역(210-15속) 2.민간위탁사업비(320-01속) 3.법정민간대행사업비(320-08속)	민간이전지출 근거 1.법률에 규정 2.국고보조 재원(국가지정) 3.용도 지정 기부금 4.시행규칙 및 훈령 규정 5.국가가 결정하는 사업을 하는 공공기관 6.국가 정책 및 재정사항 7.기타 8.해당없음	계약체결방법(경쟁행태) 1.일반경쟁 2.제한경쟁 3.지명경쟁 4.수의계약 5.방정예약 6.기타 7.해당없음	계약기간 1.1년 2.2년 3.3년 4.4년 5.5년 6.기타 7.단기계약(1년미만) 8.해당없음	낙찰자선정방법 1.적격심사 2.협상의한계약 3.최저가낙찰 4.규격가격 5.2단계 경쟁입찰 6.기타 7.해당없음	운영예산 산정 1.내부산정(부서 자체적으로 산정) 2.외부산정(외부전문기관에 선정) 3.내외부 모두 산정 4.산정록 5.해당없음	정산방법 1.내부정산(부서 내부적으로 정산) 2.외부정산(외부전문기관에 정산) 3.내외부 모두 산정 4.정산록 5.해당없음	성과평가 실시여부 1.실시 2.미실시 3.향후 추진 4.해당없음
386	질병관리청	CT 등 의료장비 유지보수	114,000	사무과	1	7	4	1	7	1	1	4
387	질병관리청	EMR인증서 유지보수	2,000	사무과	1	7	4	1	7	1	1	4
388	질병관리청	오염세탁물 처리	42,000	사무과	1	4	2	1	7	1	1	4
389	질병관리청	정보시스템 유지보수	138,000	사무과	1	6	4	1	7	1	1	4
390	질병관리청	산업안전관리	4,356	사무과	1	1	4	1	7	1	1	4
391	질병관리청	소방시설관리	2,640	사무과	1	1	4	1	7	1	1	4
392	질병관리청	승강기 유지보수	2,640	사무과	1	1	4	1	7	1	1	4
393	질병관리청	정도관리	3,960	진단검사의학과	1	7	4	1	7	1	1	4
394	질병관리청	정수기 유지보수	8,400	사무과	1	8	4	1	7	1	1	4
395	질병관리청	폐기물처리위탁	21,000	사무과	1	4	4	1	7	1	1	4
396	질병관리청	전산화 단층촬영기(MDCT)유지보수 용역	60,000	일반검영과	1	7	4	1	7	1	1	4
397	질병관리청	진단용 방사선촬영기기(이동식)유지보수 용역	21,000	일반검영과	1	7	4	1	7	1	1	4
398	질병관리청	초음파 검사기기(SONO)유지보수 용역	8,000	일반검영과	1	7	4	1	7	1	1	4
399	질병관리청	진단검사 의료장비(무균대) 유지보수 용역	8,000	진단검사의학과	1	7	4	1	7	1	1	4
400	질병관리청	진단검사의료장비(생화학분석기)유지보수 용역	4,000	진단검사의학과	1	7	4	1	7	1	1	4
401	질병관리청	진단검사 의료장비(혈액학장비) 유지보수 용역	3,000	진단검사의학과	1	7	4	1	7	1	1	4
402	질병관리청	시스템예전 위탁보수(세척) 용역	35,800	건호과	1	7	4	1	3	1	1	4
403	질병관리청	의료세탁물 위탁처리 계약	39,000	사무과	1	4	2	1	3	1	5	4
404	질병관리청	산업안전관리 업무 위탁	6,600	사무과	1	1	4	1	7	1	5	4
405	질병관리청	정보화시스템(H/W) 유지보수 용역	58,548	사무과	1	6	2	1	2	1	5	4
406	질병관리청	PACS(의료영상정보전송시스템)S/W 유지보수	6,600	사무과	1	6	4	1	2	1	1	4
407	통일부	통일정책추진	80,000	인도협력국	2	6	7	8	7	5	1	4
408	통일부	북한이탈주민 정책 및 지원체계 운영	2,340,000	인도협력국	2	7	4	3	7	1	3	2
409	통일부	이산가족교류지원	251,000	인도협력국	2	1	6	1	6	1	3	2
410	통일부	민생협력지원	494,000	인도협력국	2	1	4	6	6	3	1	4
411	통일부	경협기반(무상)	8,000	교류협력실	2	1	2	6	6	1	1	4
412	통일부	DMZ 평화적 이용	705,000	종합지원실	2	7	7	8	7	5	5	1
413	통일부	통일정책추진	3,905,000	통일정책실	2	1	4	1	7	5	1	1
414	통일부	국내통일기반조성	67,000	대변인실	1	1	4	1	2	5	5	4
415	통일부	정세분석 역량 강화	36,000	정세분석국	1	1	1	2	2	1	1	4
416	통일부	북한 종합 DB 운영(정보화)	258,200	정세분석국	1	7	1	2	2	1	1	4
417	통일부	북한정보 빅데이터 및 인공지능 구축(정보화)	490,000	정세분석국	1	1	2	2	2	1	1	4
418	통일부	북한자료센터 운영	279,000	정세분석국	2	4	4	7	6	3	1	2
419	통일부	북한이탈주민 교육운영	8,000	북한이탈주민정착지원사무소	2	7	4	1	1	1	4	4
420	통일부	북한인권기록센터	354,327	북한인권기록센터	2	1	4	3	7	1	1	1
421	통일부	북한인권정보시스템 운영(정보화)	3,000	북한인권기록센터	1	1	2	1	2	5	1	4
422	통일부	6.25전쟁남북자기념관 운영	409,000	인도협력국	2	1	4	1	1	5	1	4
423	통일부	북한이탈주민 정책 및 지원체계 운영	25,000	인도협력국	1	7	1	2	1	1	1	4
424	통일부	북한이탈주민 종합관리시스템 구축 및 운영(정보화)	538,000	인도협력국	1	1	2	1	1	1	1	4
425	통일부	북한이탈주민 정착지원사무소	427,000	북한이탈주민정착지원사무소	1	7	4	7	1	1	4	4
426	통일부	남북출입사무소 시설운영	2,786,335	출입사무소	1	1	1	3	1	1	1	4
427	통일부	개성공단 전자출입체계 운영(정보화)	590,000	발전기획단	1	1	2	1	2	1	1	4
428	통일부	남북회담본부 시설운영	265,290	남북회담본부	1	1	1	1	7	1	1	4

순번	기관명	사업명(사업명)	2022년 예산(단위:천원/1년간)	담당부서	민간위탁 분류 (2022년 예산및기금운용계획집행지침참여 의거) 1. 관리운영비 (210-15목) 2. 민간위탁사업비 (320-02목) 3. 법정민간행사업비 (320-08목)	민간위탁지출 근거 1. 법률에 규정 2. 국고보조 재원(국가지정) 3. 용도 지정 기부금 4. 시행규칙 및 운영 규정 5. 국가가 권장하는 사업을 하는 공공기관 6. 국가 정책 및 재정사정 7. 기타 8. 해당없음	계약체결방식(경쟁형태) 1. 일반경쟁 2. 제한경쟁 3. 지명경쟁 4. 수의계약 5. 변형위탁 6. 기타 ( ) 7. 해당없음	계약기간 1. 1년 2. 2년 3. 3년 4. 4년 5. 5년 6. 기타 (1년) 7. 단기계약 (1년미만) 8. 해당없음	낙찰자선정방식 1. 적격심사 2. 협상에의한계약 3. 최저가낙찰제 4. 규격가격분리 5. 2단계 경쟁입찰 6. 기타 ( ) 7. 해당없음	운영예산 산정 1. 내부산정 (부서 자체적으로 산정) 2. 외부산정 (외부전문기관에 산정) 3. 내외부 모두 산정 4. 산정 無 5. 해당없음	정산방법 1. 내부정산 (부서 내부적으로 정산) 2. 외부정산 (외부전문기관에 정산) 3. 내외부 모두 산정 4. 정산 無 5. 해당없음	성과평가 실시여부 1. 실시 2. 미실시 3. 향후 추진 4. 해당없음
429	통일부	통일교육 지원체계 구축 및 운영	8,400	통일교육원	1	1	4	1	7	5	1	1
430	통일부	사회 통일교육 내실화	1,390,000	통일교육원	1	1	1	2	2	1	1	2
431	통일부	사이버통일교육센터운영(정보화)	422,100	통일교육원	1	1	1	1	2	4	4	1
432	통일부	통일업무보호화(정보화)(남북교류협력시스템)	1,127,000	교류협력국	1	1	1	1	7	1	1	2
433	통일부	통일업무보호화(정보화)(북한자료센터 정보시스템)	33,000	정세분석국	1	2	4	1	7	1	4	1
434	통일부	통일업무보호화(정보화)(북한임종페이지 및 사료시스템)	182,000	남북회담본부	1	1	2	1	7	1	1	1
435	통일부	본 부 전산운영경비(정보화)	962,000	기획조정실	1	1	2	2	7	1	1	2
436	통일부	사이버안전센터 운영(정보화)	2,190,000	기획조정실	1	1	2	1	7	1	1	4
437	통일부	한반도통일미래센터 운영	114,800	한반도통일미래센터	1	1	4	1	7	1	1	4
438	통일부	DMZ 평화적 이용(DMZ종합시스템 유지관리)	361,000	교류협력국	1	7	7	8	2	5	5	1
439	통일부	DMZ 평화적 이용(판문점 건학 홈페이지 관리 운영)	477,058	남북회담본부	1	7	2	1	7	1	4	4
440	통일부	DMZ 평화적 이용(판문점 건학지원센터 운영)	3,999	남북회담본부	1	7	4	1	7	1	4	1
441	통일부	스타트업 지식재산바우처	1,686,000	지역산업재산과	2	5	7	8	7	5	5	4
442	특허청	행정관리문화 조성	126,000	지역산업재산과	1	7	7	8	7	5	5	4
443	특허청	수요자 중심의 지식재산 전문인력 양성	70,000	산업재산인력과	1	1	4	1	7	3	3	1
444	특허청	지식재산 전략적 활용 지원	648,000	산업재산활용과	2	1	7	8	7	5	5	4
445	특허청	직무발명활성화	493,000	산업재산정책과	2	1	1	1	2	3	3	1
446	특허청	해외 지식재산 보호활동 강화	25,534,000	산업재산보호대응과	2	1	4	1	7	2	2	1
447	특허청	국내 지식재산 보호활동 강화	10,401,000	산업재산보호지원과	2	1	4	1	7	3	3	1
448	특허청	특허고객 서비스지원	3,765,000	등록과	2	1	4	1	7	2	2	1
449	특허청	특허정보활용 인프라구축(정보화)	6,344,000	정보관리과	1	1	4	1	7	5	2	1
450	특허청	특허 심사지원	180,000	정보관리과	1	7	7	8	7	5	5	4
451	특허청	특허정보시스템 구축 및 운영(정보화)	19,702,000	정보고객지원국	1	4	4	1	2	2	2	1
452	특허청	지식재산 디지털 교육	1,632,000	교육기획과	1	1	7	8	7	5	5	4
453	행정안전부	대통령기록관리체계구축	1,059,520	보존복원과	2	4	2	2	2	2	1	2
454	행정안전부	대통령기록관리체계구축	306,000	보존복원과	2	4	2	2	2	1	1	2
455	행정안전부	대통령기록관리	248,004	보존복원과	1	4	1	1	2	1	1	2
456	행정안전부	지방공기업운영평가	3,270,000	공기업정책과	2	7	5	2	2	1	1	1
457	행정안전부	기업재난관리사 인증사업 민간위탁	100,000	예방안전과	2	1	2	2	7	1	5	2
458	행정안전부	재난안전의무화 종합정보시스템 구축운영(정보화)	2,546,000	재난협력과	2	1	7	8	2	5	5	4
459	행정안전부	어린이불이식설 안전관리시스템 운영 유지보수 계속	15,000	인전개선과	1	7	2	1	7	1	1	1
460	행정안전부	재난안전업무성화(재난안전제품 인증)	573,000	재난안전업무과	2	1	1	3	2	5	1	4
461	행정안전부	재난안전업무성화(안전기술)	310,000	재난안전업무과	2	4	2	1	7	1	1	4
462	행정안전부	재난안전업무성화(사업화 컨설팅)	400,000	재난안전업무과	2	7	4	8	7	5	5	4
463	행정안전부	승강기안전관리개선	3,473,000	승강기안전과	2	1,7	4	1	1	1	1	2
464	행정안전부	긴급신고통합체계운영	15,000	안전통제과	1	4	4	1	6	1	1	4
465	행정안전부	긴급신고통합체계구축운영	154,000	안전통제과	1	4	2	1	3	1	5	4
466	행정안전부	2022년 안전신문고 시스템 유지관리사업	966,000	안전개선과	1	4	7	8	2	1	1	4
467	행정안전부	승강기 유지보수 용역(지방자치단체개발원육원정생선유지)	17,604	행정지원과	1	1	4	1	7	1	1	4
468	행정안전부	무정전 전원공급장치 유지수용역	10,800	행정지원과	1	1	4	1	7	1	1	4
469	행정안전부	출입통제시스템 유지수용역	27,232	행정지원과	1	7	4	1	7	1	5	4
470	행정안전부	IP전자교환기시스템 유지보수	23,388	행정지원과	1	7	4	1	7	1	1	4
471	행정안전부	CCTV시스템 유지보수 용역	26,287	행정지원과	1	7	4	1	7	1	1	4

순번	기관명	지출명 (사업명)	2022년 예산 (단위:천원/1년간)	담당부서	민간이전 분류 (2022년 예산및기금운용계획집행지침에 의거) 1. 관리용역 (210-15목) 2. 민간위탁사업비 (320-02목) 3. 법정민간대행사업비 (320-08목)	민간이전지출 근거 1. 법률에 규정 2. 국고보조 재원(국가지침) 3. 용도 지정 기부금 4. 시행규칙 및 훈령 규정 5. 국가가 관장하는 사업을 하는 공공기관 6. 국가 정책 및 지침사항 7. 기타 8. 해당없음	계약체결방법 (경쟁형태) 1. 일반경쟁 2. 제한경쟁 3. 지명경쟁 4. 수의계약 5. 법정계약 6. 기타 ( ) 7. 해당없음	계약기간 1. 1년 2. 2년 3. 3년 4. 4년 5. 5년 6. 기타 1년 7. 단가계약 (1년비) 8. 해당없음	낙찰자선정방법 1. 적격심사 2. 협상에의한계약 3. 최저가낙찰제 4. 규격가격분리 5. 2단계 경쟁입찰 6. 기타 7. 해당없음	운영예산 산정 1. 내부산정 (부서 자체적으로 산정) 2. 외부산정 (외부전문기관에 산정) 3. 내·외부 모두 산정 4. 산정 無 5. 해당없음	정산방법 1. 내부정산 (부서 내부적으로 정산) 2. 외부정산 (외부전문기관에 정산) 3. 내·외부 모두 정산 4. 정산 無 5. 해당없음	성과평가 실시여부 1. 실시 2. 미실시 3. 향후 추진 4. 해당없음
472	행정안전부	CATV시스템 유지보수 용역	7,689	행정지원과	1	7	4	1	7	1	1	4
473	행정안전부	제초용역	60,000	행정지원과	1	7	7	8	7	5	5	4
474	행정안전부	자치인재원 정보시스템	192,000	전문역량교육과	1	7	2	1	2	1	1	4
475	행정안전부	국가안전대진단 및 정부합동점검단 운영	966,000	안전제도과	1	4	2	8	7	5	5	1
476	행정안전부	재난영향실 기본경비	30,900	재난안전연구개발과	1	1	7	8	2	3	2	4
477	행정안전부	정부의 사전진단	250,000	조직진단과	2	4	6	7	7	3	5	3
478	행정안전부	정부기능분류 및 조직관리시스템	483,000	조직기획과	1	7	7	8	7	5	3	4
479	행정안전부	정부업무관리시스템 및 정부전자문서유통지원센터 운영	5,708,000	정보공개정책과	2	1	5	1	7	3	1	1
480	행정안전부	국민참여플랫폼 운영	498,000	국민참여혁신과	1	7	2	8	2	1	1	2
481	행정안전부	정부혁신 홈페이지 운영	150,000	혁신기획과	1	7	2	1	2	5	5	4
482	행정안전부	정보공개책자	1,764,021	정보공개정책과	1	8	7	8	7	5	5	4
483	행정안전부	분석데이터표준센터	693,000	통합데이터분석센터	2	1	4	1	2	5	5	3
484	행정안전부	하모니시스템 응용S/W 유지관리	209,000	데이터정보보담당관	1	4	2	8	2	1	1	3
485	행정안전부	하모니시스템 상용S/W 유지관리	12,000	데이터정보보담당관	1	4	2	8	2	1	1	3
486	행정안전부	하모니시스템 운영비	93,000	데이터정보보담당관	1	4	2	8	2	1	1	3
487	행정안전부	부내 정보기술아키텍처(EA) 운영	51,000	데이터정보보담당관	1	4	2	8	2	1	1	3
488	행정안전부	정보화지원시스템 유지보수	25,000	데이터정보보담당관	1	4	2	8	2	1	1	3
489	행정안전부	정보시스템 운영 성과관리 지원	42,000	데이터정보보담당관	1	4	2	8	2	1	1	3
490	행정안전부	부 웹서비스 공통CMS 운영지원	50,000	데이터정보보담당관	1	4	2	8	2	1	1	3
491	행정안전부	행정안전부 통합개방 홈페이지시스템 운영 유지관리	28,000	데이터정보보담당관	1	4	6	1	2	1	1	2
492	행정안전부	사이버 보안관제센터 운영	1,138,000	데이터정보보담당관	1	4	2	3	2	1	1	4
493	행정안전부	PC 네트워크 및 정보보호시스템 운영 유지관리	546,000	데이터정보보담당관	1	4	4	7	3	1	1	4
494	행정안전부	홈페이지 개인정보 노출 정기 점검 및 조치	70,000	데이터정보보담당관	1	4	2	8	7	1	1	4
495	행정안전부	행안부 대표 홈페이지 유지관리 및 개선	195,000	디지털소통팀	1	4	4	8	6	1	1	4
496	행정안전부	기록관리 전산화(도서관리) 유지관리 및 유지보수	10,000	운영지원과	1	4	7	7	7	5	5	4
497	행정안전부	전자정보시스템 유지보수	100,000	부무담당관실	1	4	4	8	2	1	1	4
498	행정안전부	전자문서시스템 운영	120,000	부무담당관실	1	4	4	8	2	1	1	4
499	행정안전부	성과관리시스템 유지보수	24,000	정책평가담당관실	1	7	4	7	7	5	5	4
500	행정안전부	전산보안장비 유지관리	39,046	기획운영국	1	7	4	4	6	1	1	4
501	행정안전부	물품관리	2,890	기획운영국	1	7	4	7	6	1	1	4
502	행정안전부	홈페이지 유지관리	19,800	콘텐츠정보	1	7	4	1	6	1	1	4
503	행정안전부	전산보안장비 유지보수	13,680	기획운영팀	1	7	4	1	6	1	1	4
504	행정안전부	전산보안장비 유지보수	20,400	해법팀팀	1	7	4	7	6	1	1	4
505	행정안전부	사업장폐기물처리(폐합성수지)	43,517	관리총괄과	1	8	2	1	3	1	1	4
506	행정안전부	사업장폐기물처리(폐트너)	33,600	관리총괄과	1	8	4	1	7	1	1	4
507	행정안전부	사업장폐기물처리(조경)	28,679	관리총괄과	1	8	4	8	6	1	1	4
508	행정안전부	정보보안시스템	895,150	정보통괄과	1	8	2	2	2	1	1	4
509	행정안전부	UPS, 비상발전기	202,000	시설총괄과	1	8	2	1	6	1	1	4
510	행정안전부	승강기 유지보수	46,450	시설총괄과	1	8	4	1	6	1	1	4
511	행정안전부	전기차충전시설	23,000	시설총괄과	1	8	4	1	7	1	1	4
512	행정안전부	통신방송시스템	991,000	시설총괄과	1	8	2	2	2	1	1	4
513	행정안전부	영상회의시스템	927,000	시설총괄과	1	8	2	2	2	1	4	4
514	행정안전부	시설관리시스템	72,000	시설총괄과	1	8	1	1	2	1	1	4

순번	기관명	지출명(사업명)	2022년 예산(단위:천원/1년간)	담당부서	민간위탁 분류 (2022년 예산및기금운용계획집행지침에 의거) 1. 관리용역(210-15목) 2. 민간위탁사업비(320-02목) 3. 법정민간대행사업비(320-08목)	민간위탁 근거 1. 법률에 규정 2. 국고보조 재원(국가지침) 3. 용도 지정 기부금 4. 시행규칙 및 운영 규정 5. 국가가 권장하는 사업을 하는 공공기관 6. 국가 정책 및 재정사정 7. 기타 8. 해당없음	계약체결방법 (경쟁형태) 1. 일반경쟁 2. 제한경쟁 3. 지명경쟁 4. 수의계약 5. 법정위탁 6. 기타 ( ) 7. 해당없음	입찰방식 계약기간 1.1년 2.2년 3.3년 4.4년 5.5년 6.기타(1년미만) 7.단기계약(1년미만) 8.해당없음	낙찰자선정방법 1. 적격심사 2. 협상에의한계약 3. 최저가낙찰 4. 규격가격분리 5. 2단계 경쟁입찰 6. 기타 7. 해당없음	운영예산 산정 1.내부산정(부서 자체적으로 산정) 2.외부산정(외부전문기관에 산정) 3.내외부 모두 산정 4.산정無 5.해당없음	정산방법 1.내부정산(부서 내부적으로 정산) 2.외부정산(외부전문기관에 정산) 3.내외부 모두 산정 4.정산無 5.해당없음	성과평가 실시여부 1.실시 2.미실시 3.향후 추진 4.해당없음
515	행정안전부	시설 관리	7,000	관리과	1	8	4	1	7	1	5	4
516	행정안전부	검색장비 유지보수 용역	25,500	관리과	1	8	4	7	7	3	3	4
517	행정안전부	청사방역소독	3,500	관리과	1	8	4	7	6	1	5	4
518	행정안전부	사업장폐기물처리	20,000	관리과	1	8	2	1	3	1	5	4
519	행정안전부	인터넷전화 및 방송통신시설 유지보수	209,051	시설과	1	8	1	3	2	1	5	4
520	행정안전부	통합방범설비 유지보수 용역	184,722	시설과	1	8	1	3	2	1	5	4
521	행정안전부	무정전전원장치 유지보수용역	33,000	시설과	1	8	7	8	7	5	5	4
522	행정안전부	비상발전기(디젤) 유지보수용역	33,000	시설과	1	8	7	8	7	5	5	4
523	행정안전부	비상발전기(가스터빈) 유지보수용역	33,000	시설과	1	8	7	8	7	5	5	4
524	행정안전부	본관 승강기 제어시스템 유지보수용역	18,175	시설과	1	8	7	8	7	5	5	4
525	행정안전부	별관 승강기 제어시스템 유지보수용역	18,175	시설과	1	8	7	8	7	5	5	4
526	행정안전부	자동제어시스템 유지보수	15,000	시설과	1	8	7	8	7	1	1	4
527	행정안전부	청사방역, 소독	1,200	춘천지소	1	8	4	7	7	1	1	4
528	행정안전부	물품관리시스템 유지보수	3,000	춘천지소	1	8	4	1	7	1	1	4
529	행정안전부	승강기 유지보수	2,000	춘천지소	1	8	4	1	7	1	1	4
530	행정안전부	통신방범시설 유지보수	3,000	춘천지소	1	8	4	1	7	1	1	4
531	행정안전부	지진가속도계 유지보수	20,000	춘천지소	1	8	4	1	7	1	1	4
532	행정안전부	코로나19 확산방지 방역소독 용역	4,000	춘천지소	1	8	4	7	7	1	1	4
533	행정안전부	CCTV 유지보수 용역	3,060	고양지소	1	8	4	1	7	1	1	4
534	행정안전부	인터넷전화 교환설비 유지보수 용역	4,000	고양지소	1	8	4	1	7	1	1	4
535	행정안전부	전기자동차 충전장치 유지보수 용역	5,000	고양지소	1	8	2	2	1	1	1	4
536	행정안전부	승강기 유지보수 및 점검 용역	2,000	고양지소	1	8	4	1	2	1	1	4
537	행정안전부	UPS, 비상발전기	8,000	고양지소	1	8	1	1	3	1	1	4
538	행정안전부	승강기 유지보수	30,000	전기팀	1	8	4	7	7	1	1	4
539	행정안전부	전기발전시설	20,200	전기팀	1	8	4	1	3	1	1	4
540	행정안전부	통신방범시설	6,000	통신팀	1	8	4	1	3	1	1	4
541	행정안전부	보건검역장비	280,000	방호팀	1	8	2	2	3	1	1	4
542	행정안전부	물품관리시스템	43,000	행정팀	1	8	4	1	1	1	1	4
543	행정안전부	사업장폐기물	8,000	관리팀	1	8	1	1	2	1	1	4
544	행정안전부	청사방역소독	94,000	관리팀	1	8	4	7	3	1	1	4
545	행정안전부	물품관리시스템 유지보수	15,000	관리과	1	8	4	1	3	1	1	4
546	행정안전부	코로나19 방역소독	11,000	관리과	1	8	4	1	3	1	1	4
547	행정안전부	통신방범시설	20,000	시설과	1	8	2	2	2	1	1	4
548	행정안전부	코로나19 방역시설	251,000	시설과	1	8	4	1	3	1	1	4
549	행정안전부	무정전전원장치 유지보수	21,800	관리과	1	8	4	1	3	1	1	4
550	행정안전부	비상발전기 유지보수	20,200	시설과	1	8	4	1	3	1	1	4
551	행정안전부	코로나19 대응 등 방역소독	9,280	중남지소	1	8	4	1	3	1	4	4
552	행정안전부	물품관리시스템 유지보수	7,000	중남지소	1	8	4	1	3	1	1	4
553	행정안전부	승강기 유지보수	2,000	중남지소	1	8	4	1	3	1	1	4
554	행정안전부	코로나19 대응 방역소독	7,200	경북지소	1	8	4	1	3	1	1	4
555	행정안전부	물품관리시스템 유지보수	7,000	경북지소	1	8	4	1	3	1	1	4
556	행정안전부	승강기 유지보수	3,000	경북지소	1	8	4	1	3	1	1	4
557	행정안전부	전기차충전시설	9,000	시설과	1	8	7	8	7	5	5	4

순번	기관명	사업명 (사업명)	2022년 예산 (단위:천원/1년간)	담당부서	민간이전 분류 (2022년 예산일반기금운용체육진흥지원에 의거) 1. 관리용역비 (210-15특) 2. 민간위탁사업비 (320-02특) 3. 법정민간대행사업비 (320-08특)	민간이전지출 근거 1. 법률에 규정 2. 국고보조재원(국가지정) 3. 용도 지정 기부금 4. 시행규칙 및 운영 규정 5. 국가가 권장하는 사업을 하는 공공기관 6. 국가 정책 및 재정사항 7. 기타 8. 해당없음	계약체결방법 (결정형태) 1. 일반경쟁 2. 제한경쟁 3. 지명경쟁 4. 수의계약 5. 법령위탁 6. 기타 ( ) 7. 해당없음	입찰방식 계약기간 1. 1년 2. 2년 3. 3년 4. 4년 5. 5년 6. 기타 ( )년 7. 단기계약 (1년미만) 8. 해당없음	낙찰자선정방식 1. 적격심사 2. 협상에의한계약 3. 최저가낙찰제 4. 규격가격분리 5. 2단계 경쟁입찰 6. 기타 ( ) 7. 해당없음	운영예산 선정 1. 내부선정 (부서 자체적으로 선정) 2. 외부선정 (외부전문기관위탁 선정) 3. 내외부 모두 선정 4. 신청者 5. 해당없음	정산방법 1. 내부정산 (부서 내부적으로 정산) 2. 외부정산 (외부전문기관위탁 정산) 3. 내외부 모두 정산 4. 정산 外 5. 해당없음	성과평가 실시여부 1. 실시 2. 미실시 3. 향후 추진 4. 해당없음
558	행정안전부	UPS, 비상발전기	17,000	충남지소	1	8	7	8	7	5	5	4
559	행정안전부	통신방범시스템	20,000	충남지소	1	8	7	8	7	5	5	4
560	행정안전부	지진가속도계	5,000	충남지소	1	8	7	8	7	5	5	4
561	행정안전부	UPS, 비상발전기	17,000	경북지소	1	8	7	8	7	5	5	4
562	행정안전부	통신방범시스템	17,000	경북지소	1	8	7	8	7	5	5	4
563	행정안전부	지진가속도계	8,000	경북지소	1	8	7	8	7	5	5	4
564	행정안전부	승강기 제어시스템 유지보수 용역	12,038	기술팀	1	8	4	8	8	1	5	4
565	행정안전부	지진가속도계측기 유지보수 용역	7,808	기술팀	1	8	4	8	8	1	5	4
566	행정안전부	비상발전기 유지보수 용역	20,400	기술팀	1	8	4	8	8	1	5	4
567	행정안전부	무정전원장치설비 유지보수 용역	13,800	기술팀	1	8	4	8	8	5	5	4
568	행정안전부	교환기 설비 유지보수 용역	15,321	기술팀	1	8	4	8	8	1	5	4
569	행정안전부	전기자동차 충전시설 유지보수 용역	3,960	기술팀	1	8	4	8	7	5	5	4
570	행정안전부	청사방역	3,000	기술팀	1	8	4	1	7	5	5	4
571	행정안전부	물품관리시스템 유지보수 용역	4,000	기술팀	1	8	4	4	7	5	5	4
572	행정안전부	무정전원장치(UPS), 비상발전기 유지수용역	29,000	기술팀	1	8	7	8	7	5	5	4
573	행정안전부	승강기 유지보수	14,000	기술팀	1	8	4	1	7	1	1	4
574	행정안전부	전기차 충전시설	2,000	기술팀	1	8	7	8	7	5	5	4
575	행정안전부	물품관리시스템 유지보수 용역	36,000	기술팀	1	8	4	8	6	1	5	4
576	행정안전부	청사방역	7,000	기술팀	1	8	4	1	7	5	5	4
577	행정안전부	청사방역, 소독	4,000	행정팀	1	8	4	8	7	5	5	4
578	행정안전부	물품관리시스템 유지보수	7,000	행정팀	1	8	4	4	7	1	5	4
579	행정안전부	무정전원장치(UPS), 비상발전기	29,000	기술팀	1	8	4	1	7	1	1	4
580	행정안전부	지진가속도계	10,000	기술팀	1	8	7	8	7	5	5	4
581	행정안전부	청사방역, 소독	2,000	행정팀	1	8	7	8	8	1	5	4
582	행정안전부	전기차충전기	8,712	기술팀	1	8	4	8	8	1	5	4
583	행정안전부	2022년 통신방범설비 유지보수용역	9,768	기술팀	1	8	4	8	8	1	5	4
584	행정안전부	2022년 지진가속도계측기 유지보수용역	4,750	기술팀	1	8	4	8	8	1	5	4
585	행정안전부	2022년 출입통제설비 유지보수용역	9,900	기술팀	1	8	4	8	8	1	5	4
586	행정안전부	2022년 승강기체어시스템 유지보수용역	5,060	기술팀	1	8	4	8	8	1	5	4
587	행정안전부	2022년 무정전원장치(UPS)유지보수용역	29,000	기술팀	1	8	4	8	8	5	5	4
588	행정안전부	2022년 비상발전기 유지보수용역	14,000	기술팀	1	8	4	4	8	1	5	4
589	행정안전부	물품유지관리용역	6,311	행정팀	1	8	4	8	8	1	5	4
590	행정안전부	일반방역소독 용역	1,800	행정팀	1	8	4	4	8	5	5	4
591	행정안전부	2022년 코로나19 특별방역 용역	10,400	행정팀	1	8	4	8	8	1	5	4
600	행정안전부	2022년 정보자원 기술기준 검증 사업	522,000	정보자원관리과	1	8	7	8	7	5	5	4

순번	기관명	지출명(사업명)	담당부서	2022년 예산(단위:천원/1년분)	민간위탁분류 (2022년 예산및기금운용계획집행지침에 의거) 1.권리용역(210-15목) 2.민간위탁사업비(320-02목) 3.법정민간대행사업비(320-08목)	민간이전지출 근거 1.법률에 규정 2.국고보조 재원(국가지정) 3.용도 지정 기부금 4.시행규칙 운영 규정 5.국가가 권장하는 사업을 하는 공공기관 6.국가 정책 및 재정사정 7.기타 8.해당없음	계약체결방법(경쟁형태) 1.일반경쟁 2.제한경쟁 3.지명경쟁 4.수의계약 5.변경계약 6.기타( ) 7.해당없음	입찰서 계약기간 1.1년 2.2년 3.3년 4.4년 5.5년 6.기타(1년) 7.단기계약(1년미만) 8.해당없음	낙찰자선정방법 1.적격심사 2.협상에의한계약 3.최저가낙찰제 4.규격가격분리 5.2단계 경쟁입찰 6.기타 7.해당없음	운영예산 산정 1.내부산정(부서 자체적으로 산정) 2.외부산정(외부전문기관위탁 산정) 3.내외부 모두 산정 4.산정 無 5.해당없음	정산방법 1.내부정산(부서 내부적으로 정산) 2.외부정산(외부전문기관위탁 정산) 3.내외부 모두 산정 4.정산 無 5.해당없음	성과평가 실시여부 1.실시 2.미실시 3.향후 추진 4.해당없음
601	행정안전부	22년 대전본원 정보시스템1군 유지관리	운영총괄과	22,877,045	1	8	7	8	7	5	5	4
602	행정안전부	22년 대전본원 정보시스템2군 유지관리	운영총괄과	27,747,595	1	8	7	8	7	5	5	4
603	행정안전부	22년 대전본원 보안통신인프라 유지관리	운영총괄과	13,894,588	1	8	7	8	7	5	5	4
604	행정안전부	22년 대전본원 클라우드 유지관리	운영총괄과	15,532,815	1	8	7	8	7	5	5	4
605	행정안전부	22년 사이버위협분석대응	운영총괄과	15,698,061	1	8	4	1	7	5	1	4
606	행정안전부	22년 통합운영환경	운영총괄과	2,674,418	1	8	7	8	7	5	5	4
607	행정안전부	2022년도 중합통제시스템 유지보수관리	운영총괄과	16,044	1	8	4	1	7	1	1	4
608	행정안전부	2022년도 통합열람통제시스템 유지보수관리용역	운영총괄과	18,000	1	8	4	1	7	1	1	4
609	행정안전부	국가정보자원관리원 항온항습기 유지관리용역	운영총괄과	51,432	1	8	7	8	7	1	1	4
610	행정안전부	국가정보자원관리원 청사관리용역	운영총괄과	5,031,000	1	8	7	8	7	5	5	4
611	행정안전부	무정전 전원설비 유지관리용역	운영총괄과	56,896	1	8	7	8	7	5	5	4
612	행정안전부	2건선설 UPS 및 STS 유지관리용역	운영총괄과	37,997	1	8	7	8	7	5	5	4
613	행정안전부	7~1건선설 UPS 및 STS 유지관리용역	운영총괄과	41,244	1	8	7	8	7	5	5	4
614	행정안전부	비상발전기 유지관리용역	운영총괄과	47,608	1	8	4	1	2	1	1	4
615	행정안전부	2022년 광주센터 정보시스템군 운영 유지관리 사업	운영총괄과	14,880,000	1	8	4	2	2	1	1	4
616	행정안전부	2022년 광주센터 정보시스템2군 운영 유지관리 사업	운영총괄과	20,430,000	1	8	6	3	2	1	1	4
617	행정안전부	2022년 광주센터 보안통신인프라 운영 유지관리 사업	운영총괄과	8,250,000	1	8	6	3	2	1	1	4
618	행정안전부	2022년 광주센터 클라우드 운영유지관리 사업	운영총괄과	8,030,000	1	7	2	2	2	5	5	2
619	행정안전부	2022년 고창 CTTS 유지보수 용역	복원관리과	9,680	1	7	2	1	2	1	1	2
620	행정안전부	2022년 승강기 유지보수 용역	복원관리과	7,800	1	7	2	1	2	1	1	2
621	행정안전부	2022년도 광주센터 종합통제시스템 유지보수 관리	운영총괄과	17,496	1	7	4	1	7	1	1	2
622	행정안전부	22~24년 기반시설 전문인력(무정전원설비) 유지보수 용역	운영총괄과	161,736	1	7	4	1	7	1	1	4
623	행정안전부	22~24년 기반시설 전문인력(비상발전기) 유지보수 용역	운영총괄과	60,916	1	7	4	1	7	1	1	4
624	행정안전부	2022년 시청자 복지복제행정박물 장비 유지관리 용역	복원관리과	376,752	1	7	7	8	7	5	5	2
625	행정안전부	스캐닝 MF장비 유지보수	복원관리과	103,220	1	7	7	8	7	5	5	4
626	행정안전부	RFID 기록물관리시스템 유지관리	보존관리과	125,507	1	7	2	1	2	1	1	4
627	행정안전부	보존사고 보존환경장비 유지보수	보존관리과	15,120	1	7	4	1	7	1	1	4
628	행정안전부	소독처리장비 유지보수	보존관리과	16,262	1	7	4	1	7	1	1	2
629	행정안전부	보존상자 제작기 유지보수	보존관리과	11,000	1	8	4	1	7	1	1	2
630	행정안전부	보존사고 유해생물 모니터링	보존관리과	38,800	1	8	4	8	7	5	5	4
631	행정안전부	탈산처리장비 유지보수	보존관리과	20,010	1	8	4	1	7	5	5	4
632	행정안전부	기록물보존복원	행정기록관	35,227	1	8	2	1	2	1	1	4
633	행정안전부	전자기록관리체계구축	디지털혁신과	2,538,000	1	7	2	1	2	1	1	4
634	행정안전부	전자기록관리 교육용 실습시스템(RMS)	기록관리교육센터	30,000	1	8	4	1	2	1	1	2
635	행정안전부	승강기 유지보수 용역	나라기록관	20,000	1	8	4	1	7	1	1	2
636	행정안전부	정보통신장비 유지보수 용역	나라기록관	19,800	1	8	4	1	7	5	5	2
637	행정안전부	출입통제시스템 유지보수 용역	나라기록관	12,000	1	8	4	1	7	5	5	2
638	행정안전부	분면동 승강기 유지보수	역사기록관	4,224	1	8	4	1	7	5	5	2
639	행정안전부	의무동 승강기 유지보수	역사기록관	2,112	1	8	4	1	7	5	5	2
640	행정안전부	자동화시스템 유지보수	역사기록관	20,000	1	8	4	1	7	5	5	2
641	행정안전부	출입통제용 보안카드 시스템 유지보수	역사기록관	3,600	1	8	4	1	7	5	5	2
642	행정안전부	방호장비 시스템 유지보수	역사기록관	10,800	1	8	4	1	7	5	5	2
643	행정안전부	청사 외부유리 청소용역	역사기록관	8,000	1	8	7	8	7	5	5	4

순번	기관명	지출명 (사업명)	2022년 예산 (단위:천원/1년간)	담당부서	민간위탁 분류 (2022년 예산서/기금운용계획집행지침에 의거) 1. 관리용역비 (210-15목) 2. 민간위탁사업비 (320-02목) 3. 법정민간대행사업비 (320-08목)	민간위탁지출 근거 1. 법률에 규정 2. 국고보조 재원(국가지정) 3. 용도 지정 기부금 4. 시행규칙 및 운영 규정 5. 국가가 권장하는 사업을 하는 공공기관 6. 국가 정책 및 재정사항 7. 기타 8. 해당없음	계약체결방법 (경쟁형태) 1. 일반경쟁 2. 제한경쟁 3. 지명경쟁 4. 수의계약 5. 법정위탁 6. 기타 ( ) 7. 해당없음	계약기간 1. 1년 2. 2년 3. 3년 4. 4년 5. 5년 6. 기타( )년 7. 단기계약 (1년미만) 8. 해당없음	낙찰자결정방법 1. 적격심사 2. 협상에의한계약 3. 최저가낙찰 4. 규격가격분리 5. 2단계 경쟁입찰 6. 기타 7. 해당없음	운영예산 산정 1. 내부산정 (부서 자체적으로 산정) 2. 외부산정 (외부전문기관위탁 산정) 3. 내·외부 모두 산정 4. 기타 5. 해당없음	정산방법 1. 내부정산 (부서 내부적으로 정산) 2. 외부정산 (외부전문기관위탁 정산) 3. 내·외부 모두 산정 4. 정산 書 5. 해당없음	성과평가 실시여부 1. 실시 2. 미실시 3. 향후 추진 4. 해당없음
644	행정안전부	조경구역 예초 용역	20,000	역사기록관	1	8	7	8	7	5	5	4
645	행정안전부	지방공기업경영평가	3,270,000	공기업정책과	2	8	5	1	7	1	4	1
646	행정안전부	2022년 차한가직업소 홈페이지 유지관리	35,000	지역일자리경제과	2	8	5	1	2	1	4	4
647	행정안전부	지방재정 정보화(정보화)	15,506,000	재정정보화사업과	2	7	4	3	6	2	3	1
648	행정안전부	지방세정 정보화추진(정보화)	8,730,000	총괄기획과	2	1	4	1	7	3	3	1
649	행정안전부	지세대지방세수입정보시스템구축(정보화)	307,000	세외수입조정보과	2	1	4	1	7	3	3	1
650	행정안전부	1365자원봉사기부포털 운영 및 유지관리	990,000	민간협력과	2	1	5	1	1	1	·	1
651	행정안전부	표준지방인사정보시스템운영(정보화)	1,664,000	지방인사제도과	2	1	5	1	1	1	1	1
652	행정안전부	합동평가시스템 운영	801,000	자치평가과	2	1	5	1	1	1	1	4
653	행정안전부	2022년 비영리민간단체 지원사업 관리정보시스템 운영 및 유지관리	402,000	민간협력과	1	7	4	1	1	1	1	4
654	행정안전부	2022년 자전거행복나눔 기능개선 및 운영유지관리	220,000	생활공간정책과	2	1	4	1	7	1	1	4
655	행정안전부	2022년 운전자원촉진장비 유지관리 위탁사업	200,000	지역균형발전과	2	1	5	1	1	1	1	4
656	행정안전부	주민화 및 지역문제해결 확산	1,380,000	주민자치업법과	2	5	4	1	1	1	1	4
657	행정안전부	과거사관련업무지원단 대표 홈페이지 유지관리	19,200	대일항쟁기재통원피해지원과	1	8	4	8	7	1	1	4
658	행정안전부	물품관리시스템 유지관리용역	6,600	대일항쟁기재통원피해지원과	1	8	4	1	7	1	1	4
659	행정안전부	위로금등지급관리시스템 유지관리 사업	19,200	대일항쟁기재통원피해지원과	1	6	4	1	7	1	1	4
660	행정안전부	일제피해통합원역사관 운영 지원	2,582,000	대일항쟁기재통원피해지원과	2	1	5	8	7	1	1	4
661	행정안전부	정보마을 운영관리	880,000	지역공동체과	2	1	5	1	7	1	1	4
662	행정안전부	도로명 및 건물번호 활용	13,084,000	주소정책과	2	1	5	1	7	5	5	4
663	환경부	미세먼지정보센터 운영	20,000	미세먼지정보센터	1	8	7	8	7	5	5	4
664	환경부	온실가스리리인프라구축	19,749,000	기후변화정책관	3	8	7	8	7	5	5	4
665	환경부	기후변화응 협력지원	758,000	기후변화정책관	1	8	7	8	7	5	5	4
666	환경부	기후변화응 및 국민실천	8,620,000	기후변화대응팀	3	1	4	1	7	1	1	4
667	환경부	친환경소생활 및 저탄소생산기반구축지원	5,466,000	신기후체제대응팀	3	1	4	1	6	1	1	4
668	환경부	공공환경소시설 탄소중립 지원	150,000	녹색기술개발팀	3	1	4	1	7	1	1	4
669	환경부	공공부문 IoT 탄소중립 지원 시스템 구축(정보화)	160,000	녹색전략과	3	1	4	1	7	1	1	4
670	환경부	전시관 기획 및 운영	22,000	녹색전환정책과	1	8	4	1	7	1	1	1
671	환경부	국립생물자원관 운영	13,084,000	녹색전환정책과	2	7	7	8	7	5	5	4
672	환경부	야생생물 유전자원 활용지원기반 구축	555,000	환경교육팀	1	4	4	1	7	5	5	1
673	환경부	사대용 절세정보 네트워크 구축	198,000	환경교육팀	1	1	5	1	6	1	1	4
674	환경부	통합환경관리제도 운영 및 고도화	80,000	환경교육팀	3	1	7	8	7	5	5	4
675	환경부	국가환경산업기술정보시스템구축운영(정보화)	3,805,000	환경교육팀	3	1	4	1	7	5	5	4
676	환경부	지속가능발전 탄소중립 지원	7,129,000	녹색기술개발팀	3	1	7	1	7	1	1	4
677	환경부	지속가능발전위원회 지원	280,000	녹색전환정책과	3	1	4	1	6	1	1	4
678	환경부	환경교육관	450,000	환경교육팀	3	7	7	8	7	5	5	4
679	환경부	환경교육관	200	환경교육팀	2	4	4	1	7	1	1	1
680	환경부	온실가스종합정보센터 기본경비	11,483	온실가스종합정보센터	3	4	5	1	6	1	1	4
681	환경부	새만금사업환경대책	48,410	물환경정책관	8	4	4	1	7	1	1	4
682	환경부	새만금사업환경대책	8,765,000	물환경정책관	1	1	7	8	7	5	5	4
683	환경부	물환경정보시스템구축	4,547,200	물환경정책관	2	2	7	8	7	5	5	4
684	환경부	신폐수관리체계 선진화	320,000	물환경정책관	3	1	4	1	7	1	1	4
685	환경부	하천하구 쓰레기 정화사업	2,410,000	물환경정책관	3	1	7	8	7	5	5	4
686	환경부	공공폐수처리시설	2,400,000	물환경정책관	3	1	7	8	7	5	5	4
			38,771,000		3	1	7	8	7	5	5	4

순번	기관명	지출명 (사업명)	2022년 예산 (단위:천원/1년간)	담당부서	민간이전 분류 (2022년 예산및기금운용계획집행지침에 의거) 1. 관리용역비 (210-15호) 2. 민간위탁사업비 (320-02호) 3. 법정민간대행사업비 (320-08호)	민간이전지출 근거 1. 법률에 규정 2. 국고보조 제출(국가지정) 3. 용도 지정 기부금 4. 시행규칙 및 운영 규정 5. 국가가 권장하는 사업을 하는 공공기관 6. 국가 정책 및 재정사업 7. 기타 8. 해당없음	계약체결방법 (경쟁형태) 1. 일반경쟁 2. 제한경쟁 3. 지명경쟁 4. 수의계약 5. 방청위탁 6. 기타 ( ) 7. 해당없음	입찰방식 계약기간 1. 1년 2. 2년 3. 3년 4. 4년 5. 5년 6. 기타 ( )년 7. 단기계약 (1년미만) 8. 해당없음	낙찰자선정방법 1. 적격심사 2. 협상에의한계약 3. 최저가입찰 4. 규격가격분리 5. 2단계 경쟁입찰 6. 기타 ( ) 7. 해당없음	운영예산 산정 1. 내부산정 (부서 자체적으로 산정) 2. 외부산정 (외부전문기관에 산정) 3. 내·외부 모두 산정 4. 산정 無 5. 해당없음	정산방법 1. 내부정산 (부서 내부적으로 정산) 2. 외부정산 (외부전문기관에 정산) 3. 내·외부 모두 산정 4. 정산 無 5. 해당없음	성과평가 실시여부 1. 실시 2. 미실시 3. 향후 추진 4. 해당없음
687	환경부	하수처리장 설치	1,162,000	물환경정책관	3	1	7	8	7	5	5	4
688	환경부	물환경정책연구 및 홍보	1,219,000	물환경정책관	3	1	7	8	7	5	5	4
689	환경부	수질오염감시체계 구축운용	6,881,000	물환경정책관	3	1	7	8	7	5	5	4
690	환경부	수질 및 수생태계 측정조사	28,586,000	물환경정책관	3	1	7	8	7	5	5	4
691	환경부	공공수역 녹조발생 대응	19,784,000	물환경정책관	3	1	7	8	7	5	5	4
692	환경부	세만금사업환경대책	909,000	물환경정책관	3	1	7	8	7	5	5	4
693	환경부	하천 수생태계 연속성 진단체계 구축	6,000,000	물환경정책관	3	1	7	8	7	5	5	4
694	환경부	물환경정보시스템구축	2,925,000	물환경정책관	3	1	7	8	7	5	5	4
695	환경부	국가·유역 물관리체계 구축	100,000	물관리위원회 지원단	1	8	7	8	7	5	5	4
696	환경부	댐 안전성강화(1단계) 사업	61,562,000	수자원정책관	3	1	7	8	7	5	5	4
697	환경부	댐 안전성강화(2단계) 사업	12,798,000	수자원정책관	3	1	7	8	7	5	5	4
698	환경부	중주댐 치수능력증대 사업	15,000,000	수자원정책관	3	1	7	8	7	5	5	4
699	환경부	남강댐 치수능력증대 사업	3,000,000	수자원정책관	3	1	7	8	7	5	5	4
700	환경부	댐운영관리	80,524,000	수자원정책관	3	1	7	8	7	5	5	4
701	환경부	수자원종합연구	1,000,000	수자원정책관	3	1	7	8	7	5	5	4
702	환경부	전국우역조사	1,767,000	수자원정책관	2	1	7	8	7	5	5	4
703	환경부	수문조사시설 설치 및 개선	6,100,000	수자원정책관	2	1	7	8	7	5	5	4
704	환경부	수자원시설 설치 및 개선	2,300,000	수자원관리과	2	1	7	8	7	5	5	4
705	환경부	수자원정보구축및운영(정보화)	983,000	수자원관리과	2	1	7	8	7	5	5	4
706	환경부	홍수통제소 기본경비(이총액)	257,136	수자원관리과	2	7	7	8	7	5	5	4
707	환경부	소속기관전산운영경비	846,000	수자원관리과	3	1	7	8	7	5	5	4
708	환경부	유체성능시험센터 설치	6,026,000	물산업협력과	2	1	7	8	7	5	5	4
709	환경부	물산업클러스터 운영	25,385,000	물산업협력과	2	1	7	8	7	5	5	4
710	환경부	물산업 진흥 및 물기업 육성	4,530,000	물산업협력과	2	1	4	8	7	5	5	4
711	환경부	수열에너지 활성화 지원	3,900,000	물산업협력과	2	1	7	8	7	5	5	4
712	환경부	국제개발협력사업 지원(ODA)	3,640,000	물산업협력과	2	1	7	8	7	5	5	4
713	환경부	물산업정책 및 국제협력	950,000	물산업협력과	2	1	7	8	7	5	5	4
714	환경부	전기자동차 보급 및 충전인프라 구축	112,436,000	대기미래전략과	3	1	4	1	1	1	1	4
715	환경부	수소차 보급 및 수소충전소 설치사업	800,000	수소모빌리티사업추진단	3	1	7	8	7	5	5	4
716	환경부	사업장 미세먼지 관리사업	9,474,000	대기관리과	3	1	7	8	7	5	5	4
717	환경부	자동차 배출가스 관리사업	8,864,000	대기환경정책관	3	1	7	8	7	5	5	4
718	환경부	생활주변 미세먼지 관리사업	5,987,000	대기환경정책관	3	1	7	8	7	5	5	4
719	환경부	대기오염측정망 구축운영	18,108,000	대기환경정책관	3	1	7	8	7	5	5	4
720	환경부	대기오염정보전자망 구축운영(정보화)	1,846,000	대기환경정책관	3	1	7	8	7	5	5	4
721	환경부	생태경관보전지역 특정도서 관리	780,000	자연보전국	2	1	4	1	1	1	1	4
722	환경부	국토환경관리	3,100,000	자연보전국	3	1	7	8	7	5	5	4
723	환경부	국토생태네트크구축	20,000	자연보전국	3	8	7	8	7	5	5	4
724	환경부	야생동식물보호 및 관리	5,525,000	자연보전국	2	1	7	8	7	5	5	4
725	환경부	국립야생동물질병관리원 소득, 방역 위탁용역	22,660	자연보전국	1	1	4	1	6	5	5	4
726	환경부	생물안전연구동 관리 및 운영	237,000	자연보전국	1	1	1	1	2	1	2	4
727	환경부	생물안전연구동 관리 및 운영(인천)	588,000	자연보전국	1	1	1,2	1	2	1	2	4
728	환경부	생태계 보전지역 관리	200,000	자연보전국	3	1	7	8	7	5	5	4
729	환경부	국토환경관리	1,511,000	자연보전국	3	1	7	8	7	5	5	4

순번	기관명	지출명(사업명)	2022년 예산(단위:천원/1년간)	담당부서	민간이전 분류 (2022년 예산및기금운용계획집행지침에 의거) 1. 민간이전(210-15목) 2. 민간위탁사업비(320-02목) 3. 법정민간대행사업비(320-08목)	민간이전지출 근거 1. 법률에 규정 2. 국고보조 재원(국가지정) 3. 용도 지정 기부금 4. 시행규칙 및 훈령 규정 5. 국가가 권장하는 사업을 하는 공공기관 6. 국가 정책 및 지방사정 7. 기타 8. 해당없음	계약체결방식(경쟁형태) 1. 일반경쟁 2. 제한경쟁 3. 지명경쟁 4. 수의계약 5. 변경위탁 6. 기타() 7. 해당없음	계약기간 1. 1년 2. 2년 3. 3년 4. 4년 5. 5년 6. 기타()1년 7. 단기계약(1년미만) 8. 해당없음	낙찰자선정방법 1. 적격심사 2. 협상에의한계약 3. 최저가낙찰제 4. 규격가격분리 5. 2단계 경쟁입찰 6. 기타() 7. 해당없음	운영예산 선정 1. 내부선정(부서 자체적으로 선정) 2. 외부선정(외부전문기관에 선정) 3. 내외부 모두 선정 4. 선정 等 5. 해당없음	정산방법 1. 내부정산(부서 내부적으로 정산) 2. 외부정산(외부전문기관에 의해 정산) 3. 내외부 모두 선정 4. 정산 等 5. 해당없음	성과평가 실시여부 1. 실시 2. 미실시 3. 향후 추진 4. 해당없음
730	환경부	국토환경정보화기반구축(정보화)	3,497,300	자연보전국	3	1	7	8	7	5	5	4
731	환경부	생태관광자원 이용기반	70,000	자연보전국	3	1	5	1	1	1	1	1
732	환경부	교육훈련경비	69,710	교육기획과	1	8	7	8	7	5	5	4
733	환경부	지하역사공기질 개선대책	266,000	생활환경과	3	1	7	8	7	5	5	4
734	환경부	생활환경관리	7,216,000	생활환경과	3	1	7	8	7	5	5	4
735	환경부	실내공기질관리 종합대책	4,384,000	생활환경과	3	1	7	8	7	5	5	4
736	환경부	석면	3,639,000	대차환경건강보건과	2	2	7	8	7	5	5	4
737	환경부	환경보건종합시스템 구축운영	961,000	환경보건정책과	3	5	7	8	7	5	5	4
738	환경부	가습기살균제 피해자 지원	12,847,000	환경보건정책과	3	1	7	8	7	5	5	4
739	환경부	어린이 건강보호 종합대책 추진사업	5,406,000	환경보건정책과	3	1	7	8	7	5	5	4
740	환경부	슬레이트관리 종합대책	80,000	환경피해구제과	3	1	7	8	7	5	5	4
741	환경부	환경오염피해 구제제도 개선	2,342,000	환경피해구제과	3	1	7	8	7	5	5	4
742	환경부	환경성질환 예방 및 사후관리	5,811,000	환경보건정책과	3	1	7	8	7	5	5	4
743	환경부	영산강유역환경청	21,800	영산강유역환경청	1	8	7	8	7	5	5	4
744	환경부	화학물질관리체계 선진화	39,751,000	화학물질정책과	3	1	7	8	7	5	5	4
745	환경부	화학물질정보통합시스템구축(정보화)	1,294,000	화학물질정책과	3	1	7	8	7	5	5	4
746	환경부	잔류성유기오염물질 종합관리	1,697,000	화학물질정책과	3	1	7	8	7	5	5	4
747	환경부	화학제품 안전관리	14,945,000	화학제품관리과	3	1	7	8	7	5	5	4
748	환경부	유해화학물질 테러·사고 대비	758,000	화학안전과	3	1	7	8	7	5	5	4
749	환경부	화학물질 취급 안전관리, 지원	17,439,000	화학안전과	1	8	7	8	2	1	1	4
750	환경부	지하수관리	55,399,000	토양지하수과	3	1	7	8	7	5	5	4
751	환경부	기름조사 및 모니터링	1,676,000	물이용기획과	3	1	7	8	7	5	5	4
752	환경부	토양환경보전대책	8,648,000	토양지하수과	3	1	7	8	7	5	5	4
753	환경부	군사기지 현장관리 및 정화사업	11,824,000	토양지하수과	3	1	7	8	7	5	5	4
754	환경부	구.정향제련소 주변 오염 토양정화대책	741,000	토양지하수과	3	1	7	8	7	5	5	4
755	환경부	스마트 지방상수도 지원	17,748,000	물이용기획과	3	1	7	8	7	5	5	4
756	환경부	상수도연구관리	1,600,000	물이용기획과	3	1	7	8	7	5	5	4
757	환경부	상하수도정보화시스템 구축(정보화)	860,000	물이용기획과	1	8	7	8	7	5	5	4
758	환경부	상하수도통합시스템 구축(정보화)	2,474,000	물이용기획과	3	1	7	8	7	5	5	4
759	환경부	자원순환 기반구축	1,684,000	자원순환정책과	3	1	7	8	7	5	5	4
760	환경부	자원순환촉진지원	7,727,000	자원순환정책과	3	1	7	8	7	5	5	4
761	환경부	전기전자제품 및 자동차의 재활용체계 구축운영	5,045,000	자원순환정책과	3	1	7	8	7	5	5	4
762	환경부	재활용품 비축사업	25,688,000	자원순환정책과	3	1	7	8	7	5	5	4
763	환경부	유해폐기물처리맞대행	2,776,000	자원순환정책과	1	7	4	1	1	1	1	4
764	환경부	위해우려 폐기물 관리	5,498,000	자원순환정책과	1	1	4	1	1	1	1	4
765	환경부	폐기물처리시설 확충	624,000	자원순환정책과	1	1	4	1	1	1	1	4
766	환경부	자원순환정보시스템구축및운영	9,839,000	자원순환정책과	1	1	4	1	1	1	1	4
767	환경부	환경정기본경비	7,000	한강유역	1	7	4	1	1	1	1	4
768	환경부	금강청기본경비	5,676	금강청 총무과	1	1	4	1	1	1	1	4
769	환경부	금강청기본경비	6,600	금강청 총무과	1	1	4	1	1	1	1	4
770	환경부	금강청기본경비	14,520	금강청 총무과	1	8	4	1	1	1	1	4
771	환경부	금강청기본경비	3,960	금강청 총무과	1	8	4	1	1	1	1	4
772	환경부	금강청기본경비	5,940	금강청 총무과	1	8	4	1	1	1	1	4

순번	기관명	지출명 (사업명)	2022년 예산 (단위:천원/1년간)	담당부서	민간이전 분류 (2022년 예산및기금운용계획집행지침에 의가) 1. 관리용역비 (210-15목) 2. 민간위탁사업비 (320-02목) 3. 법정민간대행사업비 (320-08목)	민간이전지출 근거 1. 법률에 규정 2. 국고보조 재원(국가지정) 3. 용도 지정 기부금 4. 시행규칙 및 운영 규정 5. 시행규칙 권장하는 사업을 하는 공공기관 6. 국가 정책 및 재정사정 7. 기타 8. 해당없음	입찰방식			운영예산 산정		성과평가 실시여부 1. 실시 2. 미실시 3. 향후 추진 4. 해당없음
							계약체결방법 (경쟁형태) 1. 일반경쟁 2. 제한경쟁 3. 지명경쟁 4. 수의계약 5. 범정위탁 6. 기타 ( ) 7. 해당없음	계약기간 1. 1년 2. 2년 3. 3년 4. 4년 5. 5년 6. 기타 ( )년 7. 단기계약 (1년미만) 8. 해당없음	낙찰자선정방법 1. 적격심사 2. 협상에의한계약 3. 최저가낙찰제 4. 규격가격분리 5. 2단계 경쟁입찰 6. 기타 ( ) 7. 해당없음	운영예산 산정 1. 내부산정 (부서 자체적으로 산정) 2. 외부산정 (외부전문기관에 산정) 3. 내외부 모두 산정 4. 해당없음	정산방법 1. 내부정산 (부서 내부적으로 정산) 2. 외부정산 (외부전문기관에 정산) 3. 내외부 모두 산정 4. 정산 無 5. 해당없음	
773	환경부	시설 관리(소방점검)	5,280	화학물질 안전시설운영팀	1	1	4	1	7	3	1	4
774	환경부	시설 관리(승강기점검)	5,940	화학물질 안전시설운영팀	1	1	4	1	7	3	1	4
775	환경부	시설 관리(인터넷전화시스템점검)	3,960	화학물질 안전시설운영팀	1	1	4	1	7	3	1	1
776	환경부	화학물질종합정보시스템 유지관리	238,000	화학물질안전원사고예방상사과	1	8	2	1	2	3	3	1

배 성기 (裵 成基)

| 약력 |

現 한국민간위탁경영연구소 소장, 브릿지협동조합 이사장, 사회적 가치 연구소 소장, 공공서비스경영연구소 소장
　　단국대학교 경영학 박사, 가천대학교 회계학 석사
現 단국대학교 경영학과 외래교수
現 파주시청 민간위탁 운영심의위원, 은평구청 민간위탁 적정성운영위원
現 중랑구의회 의정자문위원, 한국의정연구회 지방의회연구소 초빙교수
現 송파구 민간위탁 운영평가위원, 사회적기업 육성 위원
現 성북구 사회적경제 육성위원, 성북민관협치 운영위원
現 국민권익위원회 부패영향평가 자문위원
現 가천대학교 사회적기업과고용관계연구소 비상임 선임연구원
現 에코아이 지속가능경영연구소 비상임 소장
現 (재)현대산업경제연구원 비상임 연구위원
前 서울시 민간위탁 원가분석 자문위원
前 단국대학교 경제학과 외래교수

| 주요 연구수행실적 |

「정부 및 지자체 등으로부터 위탁받은 사업 매뉴얼 구축 용역」
「2017년 재정사업 성과평가 용역(산림자원육성)」
「농림축산식품 정보화사업 성과관리체계 구축 연구」
「자동차전용도로 효율적 관리를 위한 직무분석 용역」
「산림문화휴양촌 관리운영 방안 수립 연구 용역」
「생활폐기물 수집·운반 및 처리시설 민간위탁 타당성 및 운영효율화 방안」
「산업단지 폐수처리시설 민간위탁 타당성 및 운영효율화 방안」
「종합사회복지관 민간위탁 타당성 및 운영효율화 방안」
「장애인복지관 민간위탁 타당성 및 운영효율화 방안」
「노인종합복지관 민간위탁 타당성 및 운영효율화 방안」
「아동·청소년시설 민간위탁 타당성 및 운영효율화 방안」
「소각장 민간위탁 타당성 및 운영효율화 방안」
「자동집하시설 민간위탁 타당성 및 운영효율화 방안」
「가로등관리 민간위탁 타당성 및 운영효율화 방안」
「공원관리 민간위탁 타당성 및 운영효율화 방안」
「문화예술체육시설 운영관리 민간위탁 타당성 및 운영효율화 방안」 외 다수

| 주요 저술실적 |

저서 : 지방자치단체 민간위탁 운영관리메뉴얼 Ⅰ,Ⅱ,Ⅲ권, 민간위탁 원가산정, 공공관리와 성과,
　　　민간위탁 조례 및 계약 관리 방안, 하수처리시설 민간위탁 서비스 평가, 공공하수도시설 민간위탁 서비스 경영,
　　　생활폐기물 수집·운반 및 처리시설 민간위탁 서비스 경영 등
번역 : OECD 정부기능 및 정부서비스 민간위탁 외 4권
논문 : 민간위탁서비스 핵심운영요인이 운영성과에 미치는 영향에 관한 실증 연구(2014) 등 3개
발표 : 한국생산관리학회, 한국구매조달학회, 한국관광경영학회 등 다수

KCOMI 발간도서 소개

민간위탁 통계

KCOMI 통계 - Ebook
2021 전국 지방자치단체
민·관 협업사무 운영 현황
|하수도시설|

본 도서는 전국 17개 광역자치단체를 포함한 243개 지방자치단체의 하수도시설에 대한 2021년 민관 협업사무 운영 현황을 파악할 수 있는 자료이다.

배성기 지음
한국민간위탁경영구소
2021년 5월 출간

KCOMI 통계 - Ebook
2021 전국 지방자치단체
민·관 협업사무 운영 현황
|슬러지처리시설|

본 도서는 전국 17개 광역자치단체를 포함한 243개 지방자치단체의 하수슬러지건조화시설(소각포함)에 대한 2021년 민관 협업사무 운영 현황을 파악할 수 있는 자료이다.

배성기 지음
한국민간위탁경영구소
2021년 5월 출간

KCOMI 통계 - Ebook
2021 전국 지방자치단체
민·관 협업사무 운영 현황
|생활폐기물 수집운반|

본 도서는 전국 17개 광역자치단체를 포함한 243개 지방자치단체의 생활폐기물 수집운반에 대한 2021년 민관 협업사무 운영 현황을 파악할 수 있는 자료이다.

배성기 지음
한국민간위탁경영구소
2021년 5월 출간

KCOMI 통계 - Ebook
2021 전국 지방자치단체
민·관 협업사무 운영 현황
|생활폐기물 소각시설|

본 도서는 전국 17개 광역자치단체를 포함한 243개 지방자치단체의 생활폐기물 소각시설에 대한 2021년 민관 협업사무 운영 현황을 파악할 수 있는 자료이다.

배성기 지음
한국민간위탁경영구소
2021년 5월 출간

KCOMI 통계 - Ebook
2021 전국 지방자치단체
민·관 협업사무 운영 현황
|재활용 선별시설|

본 도서는 전국 17개 광역자치단체를 포함한 243개 지방자치단체의 재활용 선별시설에 대한 2021년 민관 협업사무 운영 현황을 파악할 수 있는 자료이다.

배성기 지음
한국민간위탁경영구소
2021년 5월 출간

KCOMI 통계 - Ebook
2021 전국 지방자치단체
민·관 협업사무 운영 현황
|문화예술부문|

본 도서는 전국 17개 광역자치단체를 포함한 243개 지방자치단체의 문화예술부문에 대한 2021년 민관 협업사무 운영 현황을 파악할 수 있는 자료이다.

배성기 지음
한국민간위탁경영구소
2021년 5월 출간

KCOMI 통계 - Ebook
2021 전국 지방자치단체
민·관 협업사무 운영 현황
|관광부문|

본 도서는 전국 17개 광역자치단체를 포함한 243개 지방자치단체의 관광부문에 대한 2021년 민관 협업사무 운영 현황을 파악할 수 있는 자료이다.

배성기 지음
한국민간위탁경영구소
2021년 5월 출간

KCOMI 통계 - Ebook
2021 전국 지방자치단체
민·관 협업사무 운영 현황
|체육부문|

본 도서는 전국 17개 광역자치단체를 포함한 243개 지방자치단체의 체육부문에 대한 2021년 민관 협업사무 운영 현황을 파악할 수 있는 자료이다.

배성기 지음
한국민간위탁경영구소
2021년 5월 출간

KCOMI 통계 - Ebook
2021 전국 지방자치단체
민·관 협업사무 운영 현황 |청소년수련시설|

본 도서는 전국 17개 광역자치단체를 포함한 243개 지방자치단체의 청소년수련시설에 대한 2021년 민관 협업사무 운영 현황을 파악할 수 있는 자료이다.

배성기 지음
한국민간위탁경영구소
2021년 5월 출간

KCOMI 통계 - Ebook
2021 전국 지방자치단체
민·관 협업사무 운영 현황 |장애인복지시설|

본 도서는 전국 17개 광역자치단체를 포함한 243개 지방자치단체의 장애인복지시설에 대한 2021년 민관 협업사무 운영 현황을 파악할 수 있는 자료이다.

배성기 지음
한국민간위탁경영구소
2021년 5월 출간

KCOMI 통계 - Ebook
2021 전국 지방자치단체
민·관 협업사무 운영 현황 I
민간경상사업보조(307-02)
민간단체법정운영비보조(307-03)
민간행사사업보조(307-04)

본 도서는 전국 17개 광역자치단체를 포함한 243개 지방자치단체의 2021년 민관 협업사무 운영 현황으로서 국내에서 유일하게 전국 민관 협업사무 운영 현황을 파악할 수 있는 자료이다. 해당 시리즈는 총 3권으로 제작되었다.

배성기 지음
한국민간위탁경영구소
2021년 3월 출간

KCOMI 통계 - Ebook
2021 전국 지방자치단체
민·관 협업사무 운영 현황 II
민간위탁금(307-05)
사회복지시설법정운영비보조(307-10)
민간인위탁교육비(307-12)
공기관등에대한경상적대행사업비(308-10)

본 도서는 전국 17개 광역자치단체를 포함한 243개 지방자치단체의 2021년 민관 협업사무 운영 현황으로서 국내에서 유일하게 전국 민관 협업사무 운영 현황을 파악할 수 있는 자료이다. 해당 시리즈는 총 3권으로 제작되었다.

배성기 지음
한국민간위탁경영구소
2021년 3월 출간

KCOMI 통계 - Ebook
2021 전국 지방자치단체
민·관 협업사무 운영 현황 III
민간자본사업보조,자체재원(402-01)
민간자본사업보조,이전재원(402-02)
민간위탁사업비(402-03)
공기관등에대한자본적위탁사업비(403-02)

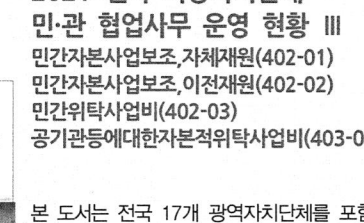

본 도서는 전국 17개 광역자치단체를 포함한 243개 지방자치단체의 2021년 민관 협업사무 운영 현황으로서 국내에서 유일하게 전국 민관 협업사무 운영 현황을 파악할 수 있는 자료이다. 해당 시리즈는 총 3권으로 제작되었다.

배성기 지음
한국민간위탁경영구소
2021년 7월 출간

KCOMI 통계 - Ebook
2021 공공기관
민간위탁 운영 현황 E-book

본 도서는 전국 공공기관의 민간위탁 사무 운영 현형을 파악할 수 있는 자료이다.

배성기 지음
한국민간위탁경영구소
2021년 5월 출간

KCOMI 통계 - Ebook
2021 중앙행정기관 행정사무
민간이전 운영현황

본 도서는 중앙행정기관의 행정사무 민간이전 운영 현황을 파악할 수 있는 자료이다.

배성기 지음

한국민간위탁경영구소

2021년 5월 출간

KCOMI 통계 - Ebook
2021 전국 지방자치단체
민간위탁 운영현황

본 도서는 전국 17개 광역자치단체를 포함한 243개 지방자치단체의 2021년 민간위탁 운영현황을 파악 할 수 있는 자료이다.

배성기 지음

한국민간위탁경영구소

2021년 5월 출간

KCOMI 통계 - Ebook
2020 전국 지방자치단체 민·관 협업사무 운영 현황 I
민간경상사업보조(307-02)
민간단체법정운영비보조(307-03)
민간행사사업보조(307-04)

본 도서는 전국 17개 광역자치단체를 포함한 243개 지방자치단체의 2020년 민관 협업사무 운영 현황으로서 국내에서 유일하게 전국 민관 협업사무 운영 현황을 파악할 수 있는 자료이다. 해당 시리즈는 총 3권으로 제작되었다.

배성기 지음
한국민간위탁경영구소
2020년 7월 출간

KCOMI 통계 - Ebook
2020 전국 지방자치단체 민·관 협업사무 운영 현황 II
민간위탁금(307-05)
사회복지시설법정운영비보조(307-10)
민간인위탁교육비(307-12)
공기관등에대한경상적대행사업비(308-10)

본 도서는 전국 17개 광역자치단체를 포함한 243개 지방자치단체의 2020년 민관 협업사무 운영 현황으로서 국내에서 유일하게 전국 민관 협업사무 운영 현황을 파악할 수 있는 자료이다. 해당 시리즈는 총 3권으로 제작되었다.

배성기 지음
한국민간위탁경영구소
2020년 7월 출간

KCOMI 통계 - Ebook
2020 전국 지방자치단체 민·관 협업사무 운영 현황 III
민간자본사업보조,자체재원(402-01)
민간자본사업보조,이전재원(402-02)
민간위탁사업비(402-03)
공기관등에대한자본적위탁사업비(403-02)

본 도서는 전국 17개 광역자치단체를 포함한 243개 지방자치단체의 2020년 민관 협업사무 운영 현황으로서 국내에서 유일하게 전국 민관 협업사무 운영 현황을 파악할 수 있는 자료이다. 해당 시리즈는 총 3권으로 제작되었다.

배성기 지음
한국민간위탁경영구소
2020년 7월 출간

KCOMI 통계
2020 전국 지방자치단체 민·관 협업사무 운영 현황 통합본

본 도서는 전국 17개 광역자치단체를 포함한 243개 지방자치단체의 각 분야별 2018년 민관 협업사무 운영 현황으로 하수도시설, 하수슬러지건조화시설, 생활폐기물 수집운반, 생활폐기물 소각시설, 재활용 선별시설, 문화예술, 체육, 관광, 공원, 주차장, 청소년수련시설, 장애인복지시설의 운영 현황을 파악할 수 있는 자료이다.

배성기 지음
한국민간위탁경영구소
2020년 7월 출간

KCOMI 통계 - Ebook
2020 전국 지방자치단체 민·관 협업사무 운영 현황 |하수도시설|

본 도서는 전국 17개 광역자치단체를 포함한 243개 지방자치단체의 하수도시설에 대한 2020년 민관 협업사무 운영 현황을 파악할 수 있는 자료이다.

배성기 지음
한국민간위탁경영구소
2020년 5월 출간

KCOMI 통계 - Ebook
2020 전국 지방자치단체 민·관 협업사무 운영 현황 |하수슬러지건조화시설(소각포함)|

본 도서는 전국 17개 광역자치단체를 포함한 243개 지방자치단체의 하수슬러지건조화시설(소각포함)에 대한 2018년 민관 협업사무 운영 현황을 파악할 수 있는 자료이다.

배성기 지음
한국민간위탁경영구소
2020년 5월 출간

KCOMI 통계 - Ebook
2020 전국 지방자치단체 민·관 협업사무 운영 현황
|생활폐기물 수집운반|

본 도서는 전국 17개 광역자치단체를 포함한 243개 지방자치단체의 생활폐기물 수집운반에 대한 2020년 민관 협업사무 운영 현황을 파악할 수 있는 자료이다.

배성기 지음
한국민간위탁경영연구소
2020년 5월 출간

KCOMI 통계 - Ebook
2020 전국 지방자치단체 민·관 협업사무 운영 현황
|생활폐기물 소각시설|

본 도서는 전국 17개 광역자치단체를 포함한 243개 지방자치단체의 생활폐기물 소각시설에 대한 2020년 민관 협업사무 운영 현황을 파악할 수 있는 자료이다.

배성기 지음
한국민간위탁경영연구소
2020년 5월 출간

KCOMI 통계 - Ebook
2020 전국 지방자치단체 민·관 협업사무 운영 현황
|재활용 선별시설|

본 도서는 전국 17개 광역자치단체를 포함한 243개 지방자치단체의 재활용 선별시설에 대한 2020년 민관 협업사무 운영 현황을 파악할 수 있는 자료이다.

배성기 지음
한국민간위탁경영연구소
2020년 5월 출간

KCOMI 통계 - Ebook
2020 전국 지방자치단체 민·관 협업사무 운영 현황
|문화예술부문|

본 도서는 전국 17개 광역자치단체를 포함한 243개 지방자치단체의 문화예술부문에 대한 2020년 민관 협업사무 운영 현황을 파악할 수 있는 자료이다.

배성기 지음
한국민간위탁경영연구소
2020년 5월 출간

KCOMI 통계 - Ebook
2020 전국 지방자치단체 민·관 협업사무 운영 현황
|관광부문|

본 도서는 전국 17개 광역자치단체를 포함한 243개 지방자치단체의 관광부문에 대한 2020년 민관 협업사무 운영 현황을 파악할 수 있는 자료이다.

배성기 지음
한국민간위탁경영연구소
2020년 5월 출간

KCOMI 통계 - Ebook
2020 전국 지방자치단체 민·관 협업사무 운영 현황
|체육부문|

본 도서는 전국 17개 광역자치단체를 포함한 243개 지방자치단체의 체육부문에 대한 2020년 민관 협업사무 운영 현황을 파악할 수 있는 자료이다.

배성기 지음
한국민간위탁경영연구소
2020년 5월 출간

KCOMI 통계 - Ebook
2020 전국 지방자치단체 민·관 협업사무 운영 현황
|공원부문|

본 도서는 전국 17개 광역자치단체를 포함한 243개 지방자치단체의 공원부문에 대한 2020년 민관 협업사무 운영 현황을 파악할 수 있는 자료이다.

배성기 지음
한국민간위탁경영연구소
2020년 5월 출간

KCOMI 통계 - Ebook
2020 전국 지방자치단체 민·관 협업사무 운영 현황
|주차장시설|

본 도서는 전국 17개 광역자치단체를 포함한 243개 지방자치단체의 체육부문에 대한 2020년 민관 협업사무 운영 현황을 파악할 수 있는 자료이다.

배성기 지음
한국민간위탁경영연구소
2020년 5월 출간

KCOMI 통계 - Ebook
2020 전국 지방자치단체 민·관 협업사무 운영 현황
|청소년수련시설|

본 도서는 전국 17개 광역자치단체를 포함한 243개 지방자치단체의 청소년수련시설에 대한 2020년 민관 협업사무 운영 현황을 파악할 수 있는 자료이다.

배성기 지음
한국민간위탁경영연구소
2020년 5월 출간

KCOMI 통계 - Ebook
2020 전국 지방자치단체 민·관 협업사무 운영 현황
|장애인복지시설|

본 도서는 전국 17개 광역자치단체를 포함한 243개 지방자치단체의 장애인복지시설에 대한 2020년 민관 협업사무 운영 현황을 파악할 수 있는 자료이다.

배성기 지음
한국민간위탁경영연구소
2020년 5월 출간

KCOMI 통계
2019 전국 지방자치단체
민·관 협업사무 운영 현황 통합본

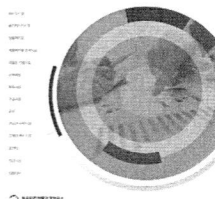

본 도서는 전국 17개 광역자치단체를 포함한 245개 지방자치단체의 각 분야별 2019년 민관 협업사무 운영 현황으로 하수도시설, 하수슬러지건조화시설, 생활폐기물 수집운반, 생활폐기물 소각시설, 재활용 선별시설, 문화예술, 체육, 관광, 공원, 주차장, 청소년수련시설, 장애인복지시설의 운영 현황을 파악할 수 있는 자료이다.

배성기 지음
한국민간위탁경영연구소
2019년 출간

KCOMI 통계
2019 전국 지방자치단체
민·관 협업사무 운영 현황 I
민간경상사업보조(307-02)
민간단체법정운영비보조(307-03)
민간행사사업보조(307-04)

본 도서는 전국 17개 광역자치단체를 포함한 245개 지방자치단체의 2019년 민관 협업사무 운영 현황으로서 국내에서 유일하게 전국 민관 협업사무 운영 현황을 파악할 수 있는 자료이다. 해당 시리즈는 총 3권으로 제작되었다.

배성기 지음
한국민간위탁경영연구소
2019년 출간

KCOMI 통계
2019 전국 지방자치단체
민·관 협업사무 운영 현황 II
민간위탁금(307-05)
사회복지시설법정운영비보조(307-10)
사회복지사업보조(307-11)

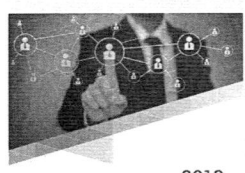

본 도서는 전국 17개 광역자치단체를 포함한 245개 지방자치단체의 2019년 민관 협업사무 운영 현황으로서 국내에서 유일하게 전국 민관 협업사무 운영 현황을 파악할 수 있는 자료이다. 해당 시리즈는 총 3권으로 제작되었다.

배성기 지음
한국민간위탁경영연구소
2019년 출간

KCOMI 통계
2019 전국 지방자치단체
민·관 협업사무 운영 현황 III
민간인위탁교육비(307-12),
공기관등에대한경상적대행사업비(308-10)
공사공단경상전출금(309-01)
민간자본사업보조,자체재원(402-01)
민간자본사업보조,이전재원(402-02)
민간위탁사업비(402-03)
공기관등에대한자본적위탁사업비(403-02)
공사공단자본전출금(404-01)

본 도서는 전국 17개 광역자치단체를 포함한 245개 지방자치단체의 2019년 민관 협업사무 운영 현황으로서 국내에서 유일하게 전국 민관 협업사무 운영 현황을 파악할 수 있는 자료이다. 해당 시리즈는 총 3권으로 제작되었다.

배성기 지음
한국민간위탁경영연구소
2019년 출간

KCOMI 통계 - Ebook
2019 전국 지방자치단체
민·관 협업사무 운영 현황
|하수도시설|

본 도서는 전국 17개 광역자치단체를 포함한 245개 지방자치단체의 하수도시설에 대한 2019년 민관 협업사무 운영 현황을 파악할 수 있는 자료이다.

배성기 지음
한국민간위탁경영연구소
2019년 출간

KCOMI 통계 - Ebook
2019 전국 지방자치단체
민·관 협업사무 운영 현황
|슬러지처리시설|

본 도서는 전국 17개 광역자치단체를 포함한 245개 지방자치단체의 하수슬러지건조화시설(소각포함)에 대한 2019년 민관 협업사무 운영 현황을 파악할 수 있는 자료이다.

배성기 지음
한국민간위탁경영연구소
2019년 출간

KCOMI 통계 - Ebook
2019 전국 지방자치단체
민·관 협업사무 운영 현황
|생활폐기물 수집운반|

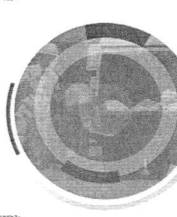

본 도서는 전국 17개 광역자치단체를 포함한 245개 지방자치단체의 생활폐기물 수집운반에 대한 2019년 민관 협업사무 운영 현황을 파악할 수 있는 자료이다.

배성기 지음
한국민간위탁경영연구소
2019년 출간

KCOMI 통계 - Ebook
2019 전국 지방자치단체
민·관 협업사무 운영 현황
|생활폐기물 소각시설|

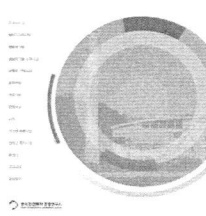

본 도서는 전국 17개 광역자치단체를 포함한 245개 지방자치단체의 생활폐기물 소각시설에 대한 2019년 민관 협업사무 운영 현황을 파악할 수 있는 자료이다.

배성기 지음
한국민간위탁경영연구소
2019년 출간

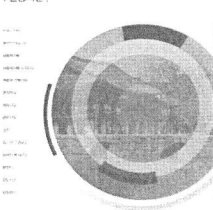

KCOMI 통계 - Ebook
2019 전국 지방자치단체 민·관 협업사무 운영 현황
|재활용 선별시설|

본 도서는 전국 17개 광역자치단체를 포함한 245개 지방자치단체의 재활용 선별시설에 대한 2019년 민관 협업사무 운영 현황을 파악할 수 있는 자료이다.

배성기 지음
한국민간위탁경영연구소
2019년 출간

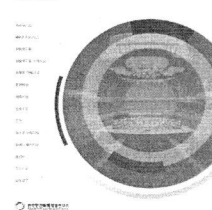

KCOMI 통계 - Ebook
2019 전국 지방자치단체 민·관 협업사무 운영 현황
|문화예술|

본 도서는 전국 17개 광역자치단체를 포함한 245개 지방자치단체의 문화예술부문에 대한 2019년 민관 협업사무 운영 현황을 파악할 수 있는 자료이다.

배성기 지음
한국민간위탁경영연구소
2019년 출간

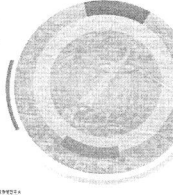

KCOMI 통계 - Ebook
2019 전국 지방자치단체 민·관 협업사무 운영 현황
|관광부문|

본 도서는 전국 17개 광역자치단체를 포함한 245개 지방자치단체의 관광부문에 대한 2019년 민관 협업사무 운영 현황을 파악할 수 있는 자료이다.

배성기 지음
한국민간위탁경영연구소
2019년 출간

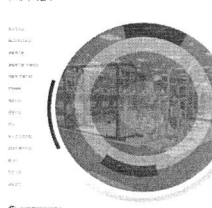

KCOMI 통계 - Ebook
2019 전국 지방자치단체 민·관 협업사무 운영 현황
|체육부문|

본 도서는 전국 17개 광역자치단체를 포함한 245개 지방자치단체의 체육부문에 대한 2019년 민관 협업사무 운영 현황을 파악할 수 있는 자료이다.

배성기 지음
한국민간위탁경영연구소
2019년 출간

KCOMI 통계 - Ebook
2019 전국 지방자치단체 민·관 협업사무 운영 현황
|공원부문|

본 도서는 전국 17개 광역자치단체를 포함한 245개 지방자치단체의 공원부문에 대한 2019년 민관 협업사무 운영 현황을 파악할 수 있는 자료이다.

배성기 지음
한국민간위탁경영연구소
2019년 출간

KCOMI 통계 - Ebook
2019 전국 지방자치단체 민·관 협업사무 운영 현황
|콜센터|

본 도서는 전국 17개 광역자치단체를 포함한 245개 지방자치단체의 콜센터 업무에 대한 2019년 민관 협업사무 운영 현황을 파악할 수 있는 자료이다.

배성기 지음
한국민간위탁경영연구소
2019년 출간

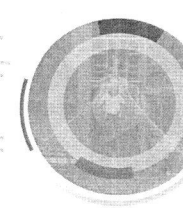

KCOMI 통계 - Ebook
2019 전국 지방자치단체 민·관 협업사무 운영 현황
|청소년수련시설|

본 도서는 전국 17개 광역자치단체를 포함한 245개 지방자치단체의 청소년수련시설에 대한 2019년 민관 협업사무 운영 현황을 파악할 수 있는 자료이다.

배성기 지음
한국민간위탁경영연구소
2019년 출간

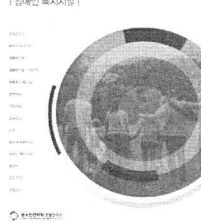

KCOMI 통계 - Ebook
2019 전국 지방자치단체 민·관 협업사무 운영 현황
|장애인복지시설|

본 도서는 전국 17개 광역자치단체를 포함한 245개 지방자치단체의 장애인복지시설에 대한 2019년 민관 협업사무 운영 현황을 파악할 수 있는 자료이다.

배성기 지음
한국민간위탁경영연구소
2019년 출간

KCOMI 통계
2019 정보화사업 운영 현황

본 도서는 전국 지방자치단체, 중앙행정기관, 공공기관의 2019년 정보화사업을 대상으로 사업현황을 분석한 운영 현황 자료이다.

배성기 지음
한국민간위탁경영연구소
2019년 8월 출간

SVI 통계 - Ebook
2019 공공기관 사회적 가치 구현사업 운영현황 ㅣ통계자료ㅣ

본 도서는 공공기관 사회적 가치 구현사업의 운영 현황에 대한 통계를 파악할 수 있는 자료이다.

배성기 지음
사회적 가치 연구소
2019년 7월 출간

KCOMI 통계
2018 전국 지방자치단체
민·관 협업사무 운영 현황 통합본

본 도서는 전국 17개 광역자치단체를 포함한 243개 지방자치단체의 각 분야별 2018년 민관 협업사무 운영 현황으로 하수도시설, 하수슬러지건조화시설, 생활폐기물 수집운반, 생활폐기물 소각시설, 재활용 선별시설, 문화예술, 체육, 관광, 공원, 주차장, 청소년수련시설, 장애인복지시설의 운영 현황을 파악할 수 있는 자료이다.

배성기 지음
한국민간위탁경영구소
2018년 5월 출간

KCOMI 통계
2018 전국 지방자치단체
민·관 협업사무 운영 현황 I
민간경상사업보조(307-02)
민간단체법정운영비보조(307-03)
민간행사사업보조(307-04)

본 도서는 전국 17개 광역자치단체를 포함한 243개 지방자치단체의 2018년 민관 협업사무 운영 현황으로서 국내에서 유일하게 전국 민관 협업사무 운영 현황을 파악할 수 있는 자료이다. 해당 시리즈는 총 3권으로 제작되었다.

배성기 지음
한국민간위탁경영구소
2018년 5월 출간

KCOMI 통계
2018 전국 지방자치단체
민·관 협업사무 운영 현황 II
민간위탁금(307-05)
사회복지시설법정운영비보조(307-10)
사회복지사업보조(307-11)

본 도서는 전국 17개 광역자치단체를 포함한 243개 지방자치단체의 2018년 민관 협업사무 운영 현황으로서 국내에서 유일하게 전국 민관 협업사무 운영 현황을 파악할 수 있는 자료이다. 해당 시리즈는 총 3권으로 제작되었다.

배성기 지음
한국민간위탁경영구소
2018년 5월 출간

KCOMI 통계
2018 전국 지방자치단체
민·관 협업사무 운영 현황 III
민간인위탁교육비(307-12),
공기관등에대한경상적대행사업비(308-10)
공사공단경상전출금(309-01)
민간자본사업보조,자체재원(402-01)
민간자본사업보조,이전재원(402-02)
민간위탁사업비(402-03)
공기관등에대한자본적위탁사업비(403-02)
공사공단자본전출금(404-01)

본 도서는 전국 17개 광역자치단체를 포함한 243개 지방자치단체의 2018년 민관 협업사무 운영 현황으로서 국내에서 유일하게 전국 민관 협업사무 운영 현황을 파악할 수 있는 자료이다. 해당 시리즈는 총 3권으로 제작되었다.

배성기 지음
한국민간위탁경영구소
2018년 5월 출간

KCOMI 통계 - Ebook
2018 전국 지방자치단체
민·관 협업사무 운영 현황
|하수도시설|

본 도서는 전국 17개 광역자치단체를 포함한 243개 지방자치단체의 하수도시설에 대한 2018년 민관 협업사무 운영 현황을 파악할 수 있는 자료이다.

배성기 지음
한국민간위탁경영구소
2018년 5월 출간

KCOMI 통계 - Ebook
2018 전국 지방자치단체
민·관 협업사무 운영 현황
|하수슬러지건조화시설(소각포함)|

본 도서는 전국 17개 광역자치단체를 포함한 243개 지방자치단체의 하수슬러지건조화시설(소각포함)에 대한 2018년 민관 협업사무 운영 현황을 파악할 수 있는 자료이다.

배성기 지음
한국민간위탁경영구소
2018년 5월 출간

KCOMI 통계 - Ebook
2018 전국 지방자치단체
민·관 협업사무 운영 현황
|생활폐기물 수집운반|

본 도서는 전국 17개 광역자치단체를 포함한 243개 지방자치단체의 생활폐기물 수집운반에 대한 2018년 민관 협업사무 운영 현황을 파악할 수 있는 자료이다.

배성기 지음
한국민간위탁경영구소
2018년 5월 출간

KCOMI 통계 - Ebook
2018 전국 지방자치단체
민·관 협업사무 운영 현황
|생활폐기물 소각시설|

본 도서는 전국 17개 광역자치단체를 포함한 243개 지방자치단체의 생활폐기물 소각시설에 대한 2018년 민관 협업사무 운영 현황을 파악할 수 있는 자료이다.

배성기 지음
한국민간위탁경영구소
2018년 5월 출간

KCOMI 통계 - Ebook
2018 전국 지방자치단체 민·관 협업사무 운영 현황
|재활용 선별시설|

본 도서는 전국 17개 광역자치단체를 포함한 243개 지방자치단체의 재활용 선별시설에 대한 2018년 민관 협업사무 운영 현황을 파악할 수 있는 자료이다.

배성기 지음
한국민간위탁경영연구소
2018년 5월 출간

KCOMI 통계 - Ebook
2018 전국 지방자치단체 민·관 협업사무 운영 현황
|문화예술부문|

본 도서는 전국 17개 광역자치단체를 포함한 243개 지방자치단체의 문화예술부문에 대한 2018년 민관 협업사무 운영 현황을 파악할 수 있는 자료이다.

배성기 지음
한국민간위탁경영연구소
2018년 5월 출간

KCOMI 통계 - Ebook
2018 전국 지방자치단체 민·관 협업사무 운영 현황
|관광부문|

본 도서는 전국 17개 광역자치단체를 포함한 243개 지방자치단체의 관광부문에 대한 2018년 민관 협업사무 운영 현황을 파악할 수 있는 자료이다.

배성기 지음
한국민간위탁경영연구소
2018년 5월 출간

KCOMI 통계 - Ebook
2018 전국 지방자치단체 민·관 협업사무 운영 현황
|체육부문|

본 도서는 전국 17개 광역자치단체를 포함한 243개 지방자치단체의 체육부문에 대한 2018년 민관 협업사무 운영 현황을 파악할 수 있는 자료이다.

배성기 지음
한국민간위탁경영연구소
2018년 5월 출간

KCOMI 통계 - Ebook
2018 전국 지방자치단체 민·관 협업사무 운영 현황
|공원부문|

본 도서는 전국 17개 광역자치단체를 포함한 243개 지방자치단체의 공원부문에 대한 2018년 민관 협업사무 운영 현황을 파악할 수 있는 자료이다.

배성기 지음
한국민간위탁경영연구소
2018년 5월 출간

KCOMI 통계 - Ebook
2018 전국 지방자치단체 민·관 협업사무 운영 현황
|주차장시설|

본 도서는 전국 17개 광역자치단체를 포함한 243개 지방자치단체의 체육부문에 대한 2018년 민관 협업사무 운영 현황을 파악할 수 있는 자료이다.

배성기 지음
한국민간위탁경영연구소
2018년 5월 출간

KCOMI 통계 - Ebook
2018 전국 지방자치단체 민·관 협업사무 운영 현황
|청소년수련시설|

본 도서는 전국 17개 광역자치단체를 포함한 243개 지방자치단체의 청소년수련시설에 대한 2018년 민관 협업사무 운영 현황을 파악할 수 있는 자료이다.

배성기 지음
한국민간위탁경영연구소
2018년 5월 출간

KCOMI 통계 - Ebook
2018 전국 지방자치단체 민·관 협업사무 운영 현황
|장애인복지시설|

본 도서는 전국 17개 광역자치단체를 포함한 243개 지방자치단체의 장애인복지시설에 대한 2018년 민관 협업사무 운영 현황을 파악할 수 있는 자료이다.

배성기 지음
한국민간위탁경영연구소
2018년 5월 출간

KCOMI 통계
2018 정보화사업 운영 현황

본 도서는 전국 지방자치단체, 중앙행정기관, 공공기관의 2018년 정보화사업을 대상으로 사업 현황을 분석한 운영 현황 자료이다.

배성기 지음
한국민간위탁경영연구소
2018년 8월 출간

KCOMI 통계
2018 중앙행정기관 및 그 소속기관 행정사무 민간이전 운영현황

본 도서는 전국 342개 중앙행정기관을 대상으로 2018년 민간이전 사업 현황을 분석한 자료로서 국내에서 유일하게 민간위탁 현황을 분석하여, 전국 민간위탁 사무의 관리 현황을 제시하고 있다.

배성기 지음
한국민간위탁경영연구소
출간예정

KCOMI 통계
2017 전국 지자체 민관협업사무 운영현황 0. 총괄

전국 지자체 민간위탁 사무의 집대성!
본 도서는 전국 243개 지방자치단체의 2017년 민간위탁 사업 현황을 분석한 통계 자료로서 국내에서 유일하게 민간위탁 현황을 분석하여, 전국 민간위탁 사무의 관리 현황을 제시하고 있다.

배성기 지음
한국민간위탁경영구소 / 16,000원
2017년 출간

KCOMI 통계
2017 중앙행정기관 및 그 소속기관 민간이전 운영현황

본 도서는 전국 342개 중앙행정기관 및 그 소속기관 전부를 대상으로 2017년 민간위탁 사업 현황을 분석한 통계 자료로서 국내에서 유일하게 민간위탁 현황을 분석하여, 전국 민간위탁 사무의 관리 현황을 제시하고 있다.

배성기 지음
한국민간위탁경영구소 / 8,000원
2017년 출간

KCOMI 통계
2017 전국 민간위탁 현황분석
민간경상사업보조사무(307-02)
민간단체법정운영비보조사무(307-03)

전국 지자체 민간위탁 사무의 집대성!
본 도서는 전국 243개 지방자치단체의 2017년 민간위탁 사업 현황을 분석한 통계 자료로서 국내에서 유일하게 민간위탁 현황을 분석하여, 전국 민간위탁 사무의 관리 현황을 제시하고 있다.

배성기 지음
한국민간위탁경영구소 / 28,000원
2017년 4월 출간

KCOMI 통계
2017 전국 민간위탁 현황분석
민간행사사업보조(307-04)
민간위탁금사무(307-05)
사회복지시설법정운영비보조사무(307-10)

전국 지자체 민간위탁 사무의 집대성!
본 도서는 전국 243개 지방자치단체의 2017년 민간위탁 사업 현황을 분석한 통계 자료로서 국내에서 유일하게 민간위탁 현황을 분석하여, 전국 민간위탁 사무의 관리 현황을 제시하고 있다.

배성기 지음
한국민간위탁경영구소 / 28,000원
2017년 4월 출간

KCOMI 통계
2017 전국 민간위탁 현황분석
사회복지사업보조사무(307-11)
공공기관등에대한경상적대행사업비(308-10)
민간자본사업보조사무(402-01)
민간대행사업비사무(402-02)

전국 지자체 민간위탁 사무의 집대성!
본 도서는 전국 243개 지방자치단체의 2017년 민간위탁 사업 현황을 분석한 통계 자료로서 국내에서 유일하게 민간위탁 현황을 분석하여, 전국 민간위탁 사무의 관리 현황을 제시하고 있다.

배성기 지음
한국민간위탁경영구소 / 28,000원
2017년 4월 출간

2016 전국 지방자치단체
민·관 협업사무 운영 현황 분석 I
민간경상사업보조사무(307-02)

전국 지방자치단체 민·관 협업사무의 집대성!
본 도서는 전국 17개 광역자치단체를 포함한 243개 지방자치단체의 2016년 민·관 협업사무 현황을 분석한 자료로서 국내에서 유일하게 민·관 협업사무 현황을 분석하여, 전국 민·관 협업사무의 관리 현황을 제시하고 있다.

배성기 지음
한국민간위탁경영구소 / 564페이지 / 30,000원
2016년 11월 출간

2016 전국 지방자치단체
민·관 협업사무 운영 현황 분석 II
민간단체법정운영비보조사무(307-03)
민간행사사업보조(307-04)

전국 지방자치단체 민·관 협업사무의 집대성!
본 도서는 전국 17개 광역자치단체를 포함한 243개 지방자치단체의 2016년 민·관 협업사무 현황을 분석한 자료로서 국내에서 유일하게 민·관 협업사무 현황을 분석하여, 전국 민·관 협업사무의 관리 현황을 제시하고 있다.

배성기 지음
한국민간위탁경영구소 / 302페이지 / 20,000원
2016년 11월 출간

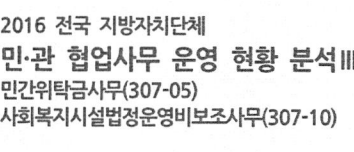

2016 전국 지방자치단체
민·관 협업사무 운영 현황 분석 III
민간위탁금사무(307-05)
사회복지시설법정운영비보조사무(307-10)

전국 지방자치단체 민·관 협업사무의 집대성!
본 도서는 전국 17개 광역자치단체를 포함한 243개 지방자치단체의 2016년 민·관 협업사무 현황을 분석한 자료로서 국내에서 유일하게 민·관 협업사무 현황을 분석하여, 전국 민·관 협업사무의 관리 현황을 제시하고 있다.

배성기 지음
한국민간위탁경영구소 / 402페이지 / 24,000원
2016년 11월 출간

2016 전국 지방자치단체
민·관 협업사무 운영 현황 분석 IV
사회복지사업보조사무(307-11)
민간자본사업보조사무(402-01)
민간대행사업비사무(402-02)

전국 지방자치단체 민·관 협업사무의 집대성!
본 도서는 전국 17개 광역자치단체를 포함한 243개 지방자치단체의 2016년 민·관 협업사무 현황을 분석한 자료로서 국내에서 유일하게 민·관 협업사무 현황을 분석하여, 전국 민·관 협업사무의 관리 현황을 제시하고 있다.

배성기 지음
한국민간위탁경영구소 / 628페이지 / 33,000원
2016년 11월 출간

KCOMI 통계
2016 전국 민간위탁 현황분석

전국 지자체 민간위탁 사무의 집대성!
본 도서는 전국 17개 광역자치단체를 포함한 243개 지방자치단체의 2016년 민간위탁 사업 현황을 분석한 통계 자료로서 국내에서 유일하게 민간위탁 현황을 분석하여, 전국 민간위탁 사무의 관리 현황을 제시하고 있다.

배성기 지음
한국민간위탁경영구소 / 355페이지 / 15,000원
2016년 10월 출간

KCOMI 통계
2015 전국 민간위탁 현황분석

전국 지자체 민간위탁 사무의 집대성!
본 도서는 전국 17개 광역자치단체를 포함한 243개 지방자치단체의 2015년 민간위탁 사업 현황을 분석한 통계 자료로서 국내에서 유일하게 민간위탁 현황을 분석하여, 전국 민간위탁 사무의 관리 현황을 제시하고 있다.

배성기 지음
한국민간위탁경영구소 / 352페이지 / 15,000원
2015년 8월 출간

KCOMI 통계
2014 민간위탁 현황분석 I
전국지방자치단체

전국 지자체 민간위탁 사무의 집대성!
본 도서는 전국 17개 광역자치단체를 포함한 242개 지방자치단체 민간위탁 현황을 분석한 통계 자료로서 국내에서 유일하게 민간위탁 현황을 분석하여, 전국 민간위탁 사무의 관리 현황을 제시하고 있다.

배성기 지음
한국민간위탁경영구소 / 352페이지 / 15,000원
2014년 9월 출간

KCOMI 통계
2013 전국 민간위탁 운영현황 분석

본 도서는 민간위탁 본연의 목적과 기능을 유지하기 위해 발주처에서는 선택의 폭을 넓히고, 위탁기업들은 건전한 경쟁관계를 유도하기 위하여 전국 246개 지자체별 민간위탁 사무현황, 위탁예산현황, 위탁기업의 현황, 위탁기간 현황, 위탁자 선정방법 등을 조사·분석하였다.

배성기 지음
한국민간위탁경영연구소 / 513페이지 / 20,000원
2013년 8월 출간

● 민간위탁 운영 관리 매뉴얼

지방자치단체사무의 민간위탁서비스
운영관리매뉴얼 I
민간위탁조례 및 계약관리방안

민간위탁 성패의 키는 계약관리이다.
본 도서는 민간위탁 서비스를 공급함에 있어 사회적 문제와 이슈를 관리 할 수 있는 체계적인 조례 제정 및 계약관리방법론을 제시하고 있다.

배성기 지음
한국민간위탁경영구소 / 450페이지 / 40,000원
2012년 8월 출간

지방자치단체사무의 민간위탁서비스
운영관리매뉴얼 II
민간위탁 운영관리비용 산정

효율적인 서비스 제공을 위한 원가산정방법론 제시 민간위탁서비스의 대시민 만족도를 높이기 위한 시작은 적정한 비용산정과 지급에서 시작된다. 이를 위해 본 도서에서는 세부적인 원가산정 방법과 산정예시를 들어 설명하고 있다.

배성기 지음
한국민간위탁경영구소 / 409페이지 / 40,000원
2012년 8월 출간

지방자치단체사무의 민간위탁서비스
운영관리매뉴얼 III
민간위탁 서비스 평가

평가 없는 성장 없다.
본 도서에서는 민간위탁 서비스의 지속적인 성장 경영을 위한 경영학적 관리지표개발 및 서비스평가방안을 제시하고 있다.

배성기 지음
한국민간위탁경영구소 / 407페이지 / 40,000원
2012년 8월 출간

지방자치단체 민간투자사업 매뉴얼

지방자치단체 공무원들이 민간투자사업 정책 수립을 위한 전반적인 내용을 포괄적으로 다루어, 실무에 직접 적용할 수 있도록 방향을 제시하고 있다.

배성기 지음
한국민간위탁경영구소 / 247페이지 / 25,000원
2015년 9월 출간

● 민간위탁 서비스 경영

공공하수도시설 민간위탁 서비스경영

환경부통계를 기준으로 전국 공공하수처리시설 중 민간위탁으로 운영되는 시설은 318개소, 운영비는 5,000억 원, 운영인원은 3,642명이다. 민간위탁서비스의 질을 높이기 위해서는 시설관리만이 아닌 경영학적 기법이 도입된 체계적인 관리가 필요하다. 이를 위해서 본 도서에서는 공공하수도시설 민간위탁 서비스 경영을 위한 다양한 방안을 제시하고 있다.

배성기 · 안영진 · 박철휘 · 박종운 지음
한국민간위탁경영연구소 / 530페이지 / 40,000원
2012년 4월 출간

공공체육시설 민간위탁 서비스경영

전국 공공체육시설수는 15,137개소로 지속적으로 증가하고 있으며, 국민이 영위하고자 하는 공공체육서비스의 수준도 날로 증가 하고 있다. 이에 민간위탁으로 운영중인 공공체육시설의 서비스 수준의 향상을 위하여 본 도서에서는 공공체육시설 민간위탁 서비스 경영을 위한 다양한 방안을 제시하고 있다.

배성기 · 김영철 지음
한국민간위탁경영연구소 / 500페이지 / 40,000원
출간예정

관광시설 민간위탁 서비스경영

관광시설은 관광을 위한 편익을 제공하는 시설로서 숙박, 교통, 휴식시설 등을 통해 지역경제 활성화에 도움을 주고 있다. 이중 민간위탁으로 운영중인 관광시설을 대상으로 본 도서에서는 관광시설 민간위탁 서비스 경영을 위한 다양한 방안을 제시하고 있다.

배성기 · 김상원 · 김혜진 지음
한국민간위탁경영연구소 / 500페이지 / 40,000원
2015년 9월 출간

생활폐기물 수집·민간위탁 서비스경영

우리나라 일일 발생 생활폐기물량은 5만톤 수준으로 지자체에서는 소각, 매립, 재활용 등의 처리를 민간위탁을 통해 수행하고 있다. 본 도서는 민간위탁을 통해 생활폐기물을 처리하고 있는 지자체를 대상으로 효율적·효과적 관리기법을 제시하고 있다.

배성기 지음
한국민간위탁경영연구소 / 500페이지 / 40,000원
2012년 4월 출간

● 정부원가계산

공기업·준 정부기관·기타 공공기관
정부원가계산의 이론과 실제

공공감사법 적용대상기관인 중앙 41개 기관, 공공 272개 기관의 정부예산 지출시 합리적인 예산지출 및 효과성을 높이기 위해 본 도서는 정부원가계산의 올바른 방법을 이론과 사례를 기준으로 제시하고자 하였다.

배성기 지음
한국민간위탁경영연구소/400페이지/35,000원
2012년 8월 출간

● 사회적 기업 및 비영리 법인

사회적기업 및 비영리법인의
공공부문 계약 입찰

국가 공공서비스가 좀 더 선진 화 되기 위해서는 많은 사회적기업 및 비영리법인이 공공서비스 분야의 입찰 참가를 해야 한다. 정부와 동격의 파트너십을 통해 국민 모두를 파트너십의 수혜자로 만들기 위해 친절하고 자세하게 계약 참여 안내를 하고 있다.

배성기 옮김
한국민간위탁경영연구소 · scotland.gov.uk
/250페이지/30,000원
2012년 8월 출간

● 기타 민간위탁 분야 도서

공공하수처리시설 민간위탁 서비스평가

평가없는 성장 없다.
본 도서는 현행 공공하수처리시설 민간위탁 평가에 대한 법적 근거 및 제도에 대한 고찰을 통하여 보다 합리적인 민간위탁 서비스 평가 방안을 제시하고 있다.

배성기 · 안영진 · 박철휘 · 박종운 지음
한국민간위탁경영연구소 / 316페이지 / 25,000원
2011년 12월 출간

큰 사회(BIG Society)

영국 캐머론 총리의 큰 사회는 공공서비스 향상을 추구하며, 개념적으로는 국가를 반대하지 않으며 다양한 증거를 바탕으로 영국 사회를 지원하고 사회적 욕구를 충족시키는 현재 국가의 능력에 대해 깊이 있게 고민한다. 이는 우리나라에도 시사하는 바가 크므로 소개하고자 하였다.

배성기 · 이화진 · 김태현 · 남효응 옮김
나남출판사 · UBP / 165페이지 / 15,000원
출간 예정

공공관리 번역 도서

분쟁 후 취약한 상황에서의 정부기능 및 정부서비스 민간위탁

본 역서는 원조의 비효율적 비효과적 집행을 방지하고, 수원국의 역량개발에 도움을 줄 수 있는 방안을 도모하여 현장실무자들과 정부의 정책입안자들과 협력하기 위한 안내서의 역할을 해 줄 것이다. 또한 선진국의 민간위탁제도 운영방법론은 국내에서 좋은 시사점을 제공하고 있다.

배성기 옮김
한국민간위탁경영연구소 · OECD / 165페이지 / 25,000원
2011년 11월 출간

지방정부 서비스계약 (Local Government Contract)

공공을 위한 최선의 거래를 추구하는데 있어서 책임성과 유연성, 공익성과 경제성 등을 최적으로 조합하는 것은 현대 서비스 계약업무의 핵심이다. 본 역서는 그 조합방식을 유용하게 제안하고 있다.

배성기 옮김
한국민간위탁경영연구소 · ICMA / 200페이지 / 30,000원
출간 예정

정부계약자들을 위한 가격책정 및 원가계산 (Pricing and Cost Accounting)

정부와 계약자간 중 요구사항을 준수하고, 이윤을 유지하기 위한 협상방법을 수록하고 있다. 입찰에 대한 변경요구 사항은 가격책정 원가계산 하도급 계약변경을 수반하며 이에 대한 정보를 제공하고 있다.

배성기 옮김
한국민간위탁경영연구소 · MC / 220페이지 / 25,000원
출간예정

서비스 수준관리 (Service Level Management)

서비스 수준관리(SLM)는 서비스 업무범위를 정의하여 서비스제공에 따른 업무목표, 해당부서 및 책임부서를 기술하고 고객과 서비스 공급업체의 업무분담을 명확히 하여 서비스 공급업체와 고객 양측 모두의 기대와 목적을 충족시키기 위한 내용을 기술하고 있다.

배성기 옮김
한국민간위탁경영연구소 · TAS / 240페이지 / 25,000원
출간 예정

공공관리와 성과 (Public Management and Performance)

공공서비스 성과가 뜻하는 바가 무엇이고, 이와 관련한 연구의 주요 성과는 무엇인가? 왜 관리가 중요한가? 연구자, 정책결정자, 실무자들에게 주는 함의는 무엇이며, 향후 과제는 무엇인가? 에 대해 저자들은 이야기 하고 있다.

배성기 · 김윤경 · 김영철 옮김
한국민간위탁경영연구소 · 캠브리지대학출판사 / 200페이지 / 35,000원
2012년 8월 출간

사회기반시설 자산관리 (Infrastructure Asset Management)

자산관리의 목표, 서비스 제공능력과 자산상태의 구체적 목표를 검토하고, 자산관리 활동을 최적화·체계화하기 위해 현재의 서비스 제공능력과 자산상태(condition)를 비교한다. 또 최적의 의사결정을 위해 필요한 재정적 고려사항에 대해서도 요약하고 있다.

유인균 · 박미연 · 배성기 옮김
한국민간위탁경영연구소 · CIRIA / 200페이지 / 35,000원
2012년 8월 출간

지방자치단체 사회적가치구현을 위한 공공조달프레임워크

영국의 중앙 및 지방정부기관들은 최저가 대신 사회적 가치를 고려해 최고가치(Best Value)를 지닌 쪽을 선택하도록 규정과 지침을 만들어 공공조달에 적용하고 있다.
이에, 영국의 사회적 가치 구현을 위한 조달규정 및 지침관련 사례를 발굴하여 국내에 홍보·전파하고자 출간하게 되었다.

배성기
브릿지협동조합 / 170페이지 / 25,000원
2016년 4월 출간

지방자치단체 공공서비스 혁신
협동조합도시 런던시 램버스구

영국 런던시 램버스구, 협동조합방식의 지방자치단체 경영과 공공서비스 혁신을 가능하게 하는 영국의 법·제도적 환경, 지자체조례, 지자체 경영원칙, 사회적·경제적·환경적 가치구현을 위한 목표달성전략 및 프로세스등을 자세히 소개하고 있다.

배성기 지음
브릿지협동조합 / 184페이지 / 25,000원
2016년 5월 출간

출간 예정 도서

공공서비스 기획 |모범 기획 원칙|

Commissioning Public Services는 공공조달 기획담당자들을 위한 영국의 공공서비스 조달 기획 안내서로 지역고용, 양질의 일자리, 사회권·노동권 준수, 사회통합, 차별해소, 재분배 효과, 기업의 사회적 책임 이행도 등이 조달원칙의 핵심 고려사항으로 설계되고 입찰, 낙찰, 계약 이행 등 각 단계에서 사회적 가치를 가진 재화 및 서비스가 자연스럽게 경쟁력을 가질 수 있도록 체계가 구축되어 공공구매를 통한 사회적가치가 최대화될 수 있기를 바랍니다.

배성기 옮김
한국민간위탁경영연구소
2018년 5월 출간

공동체 편익 증대를 위한 안내서

장기간 경기침체와 부의 불평등 심화 그리고 인구의 수도권 집중은 취약계층에게 여러 가지 부담을 안겨주었고, 그 중 인간으로서 가장기본적인 살 공간과 관련된 주거문제에 직면하게 하였습니다. Community Benefit Clause Guidance Manual은 영국의 사회임대주택사업자가 주택의 운영 및 관리 서비스 조달 시 서비스 공급자로 하여금 지역공동체 편익을 구현하도록 계약조항으로 수립하는 방법을 설명한안내서입니다.

배성기 옮김
한국민간위탁경영연구소
2018년 5월 출간

민·관 파트너십 구성 및 운영을 위한 안내서

공공사회파트너십은 공공기관이 사회적경제조직들로부터 재화 및 서비스를 단순히 구매한다는 차원을 넘어 공공기관이 주도하는 공공부문과 사회적경제조직들로 구성된 사회적경제부문이 함께 공공서비스를 설계하고 생산하는 것을 핵심으로 하는 개념입니다. Public Social Partnerships은 공공부문과 사회적경제조직이 공동으로 참여하는 공공서비스에 대한 새로운 접근방법을 묘사하고 있습니다.

배성기 옮김
한국민간위탁경영연구소
2018년 5월 출간

사회적 가치 구현을 위한 안내서

사회적기업 육성 예산은 일자리창출 예산의 의미를 부여받고 있으며, 일자리 창출 엔진이라는 꼬리표가 사회적기업의 지원 예산을 확보하는데는 유용했으나 사회적기업의 정상적인 발전을 가로막는 부작용을 낳고 있는 것 또한 사실입니다. 따라서 사회적기업 육성예산은 이 사회적 부가가치(social added value) 창출의 엔진을 육성한다는 본래의 의미를 부여 받아야 할 필요성이 있습니다.

배성기 옮김
한국민간위탁경영연구소
2018년 5월 출간

사회적기업을 위한 사업기획 안내서

이 안내서는 영국의 사회적경제 전문기관인 FSD(Fourth Sector Development)가 사회적기업 창업을 고려하거나 성장을 도모하는 이들을 위해 개발한 7단계 전략에 기초하여 급변하는 사회경제적 환경에서 사회적경제 활동가들에게 사회적기업을 위한 사업계획을 사례와 함께 단계별로 설명하여 시간과 비용을 절감하고, 합리적 투자를 유도하여 사회적경제부문의 경쟁력 강화를 지원하고자 합니다.

배성기 옮김
한국민간위탁경영연구소
2018년 5월 출간

사회투자성과 개발 안내서

SROI는 2000년대 들어 미국의 비영리재단 REDF가 제안한 개념으로, 사회적기업이나 비영리 조직이 생산한 사회적 가치와 경제적 가치를 통합해 정량적으로 측정하는 방법론이며, 주관적인 판단이 개입하기 쉬운 사회적 가치를 화폐가치로 객관화했습니다. 한편, 사회적기업에 관해 오랜 전통을 갖고 있는 영국에서는 SROI가 제안되기 이전부터 다양한 방식으로 사회적기업의 비재무적 성과를 측정하기 위한 방법론이 모색되었습니다.

배성기 옮김
한국민간위탁경영연구소
2018년 5월 출간

협업기획 - 공공서비스 기획에 대한 새로운 사고

Collaborative Commissioning은 협업을 통한 공공서비스 기획과 관련된 영국사례로 사회적 가치 창출을 주된 목적으로 하는 사회적경제조직과 사회책임경영(CSR)기업 등이 공공시장에서 영리지향적 기업보다 경쟁 우위에 설 수 있도록 유도하고, 약 100조원이 넘는 공공조달시장의 상당 비율을 사회적경제에 친화적인 공공시장으로 전환될 수 있는 토대가 마련되는 계기가 되길 바랍니다.

배성기 옮김
한국민간위탁경영연구소
2018년 5월 출간

영국 중앙정부 및 지방정부 사회적 가치 구현 사례집

본 지침은 Highways England와 하도급업체가 2012년 공공서비스(사회적가치)법에 의한 서비스 공급과 관련된 사회적가치를 확인하고 구현하기 위한 접근방법을 설명한다.

배성기 옮김
한국민간위탁경영연구소
2018년 5월 출간

2022년도 중앙행정기관
행정사무 민간이전 운영현황

초판인쇄 | 2022년 3월 13일
초판발행 | 2022년 3월 13일

발 행 처 | 한국민간위탁경영연구소
발 행 인 | 한국민간위탁경영연구소 소장 배성기
편 집 인 | 큰날개 편집부
편 낸 곳 | 출판사업부 『큰날개』
　　　　　 서울시 성북구 종암로 167, 101-2001
　　　　　 전화 02) 943-1947 팩스 02) 943-1948
　　　　　 홈페이지 : www.bigwing.modoo.at
출판등록 | 제 307-2012-46 호
가　　격 | 8,000원

본서의 무단 복제를 금합니다.
출판물의 판권은 큰날개에 속합니다.
잘못된 책은 바꾸어 드립니다.

MEMO.

한국민간위탁경영연구소는 공공서비스 관리 혁신을 통해
더 나은 정부, 더 나은 사회, 더 많은 사업기회를 만들어 갑니다.

T. 02-943-1941   F. 02-943-1948   E. kcomi@kcomi.re.kr   H. www.kcomi.re.kr

도서출판
큰날개

큰날개는 급변하는 국내의 사회 환경 가운데에서 다양한 의견을 수렴하여 인간이 추구하는
더 높은 이상향을 향해 나아가고자 하는 바람을 추구하는 출판전문기업입니다.
특히 사회적으로 가치 있는 콘텐츠를 가진 사람이라면 누구나 책을 출간 할 수 있고,
원하는 독자층에 도달 할 수 있도록 도와주는 퍼블리싱 파트너(Publishing Partner)가 되고자 합니다.

T. 02-943-1947   F. 02-943-1948   H. bigwing.modoo.at